James André
MCSILL & SCHUCK

CINEMA
Roteiro

www.dvseditora.com.br
São Paulo, 2016

CINEMA - ROTEIRO

DVS Editora 2016 - Todos os direitos para a língua portuguesa reservados pela editora.

Nenhuma parte deste livro poderá ser reproduzida, armazenada em sistema de recuperação, ou transmitida por qualquer meio, seja na forma eletrônica, mecânica, fotocopiada, gravada ou qualquer outra, sem a autorização por escrito do autor.

Capa: Spazio Publicidade e Propaganda - Grasiela Gonzaga.
Diagramação: Konsept Design e Projetos.

Dados Internacionais de Catalogação na Publicação (CIP)
(Câmara Brasileira do Livro, SP, Brasil)

McSill, James
    Cinema : roteiro / James McSill & André Schuck. --
São Paulo : DVS Editora, 2016.

    Bibliografia
    ISBN 978-85-8289-120-9

    1. Arte de escrever 2. Arte narrativa - Técnica
3. Cinema - Roteiros 4. Roteiristas I. Schuck,
André. II. Título.

16-01991   CDD-791.437

Índices para catálogo sistemático:

1. Roteiros e roteiristas cinematográficos
        791.437

À Dona Ema, a minha mãe, e à Eni, a minha irmã, à Noscilene e à Helena, as minhas amigas, que sempre aguentam a mim e às minhas histórias uma vida toda, mesmo, e principalmente, quando eu mal, às vezes, aguento a mim.

James McSill

À Inara, Gabriela e Giovanna pela paciência em viver com alguém que sonha acordado o tempo todo. E aos meus pais, que foram compreensivos quando disse a eles, no último ano da Faculdade de Administração, que não queria aquilo para minha vida e, sim, contar histórias através de uma câmera e de papel.

André Schuck

Agradecimentos

Agradeço ao nosso editor, Sergio Mirshawka, por ter acolhido este livro na DVS. Ao amigo, James McSill, pelo convite e parceria. A Bruno Frede, constante *wingman* e leitor crítico. A Luis Pinheiro, Mauricio Eça e Pedro Amorim, pelas valiosas entrevistas. A Luis Baleiron pelo *shooting board*. E a todos que se arriscam a contar boas histórias e nos maravilham diante de uma tela.

André Schuck

Agradeço ao André. Exemplo de jovem com um talento cativante. Vou para sempre me lembrar do dia em que um menino, de voz suave, sentou-se à minha frente para "vender a ideia de um livro" em um dos meus eventos de *Storytelling*. Nos primeiros dez segundos, era eu quem desejava que a fila não estivesse tão grande para poder ouvir mais. Naquele dia, nasceu o autor André Schuck, hoje publicado no Brasil e Portugal. Ele ganhou confiança como editor cinematográfico e acabou recebendo crédito em filmes internacionais, e eu ganhei um amigo, que tem tido o carinho de trabalhar comigo histórias que agora são nossas.

James McSill

Quem é André Schuck

Há dezessetes anos no mercado publicitário, André Schuck começou sua carreira como editor. Nesta função, levou ao ar mais de seis mil comerciais para grandes marcas. Editou também programas para diversos canais, tais como, Multishow, GNT e Discovery Channel.

Hoje exerce também as funções de diretor de cena e roteirista de documentários, vídeo clips e curta-metragens. Na publicidade, atua como diretor de pós-produção para um dos maiores anunciantes da América Latina.

Seus curtas, todos independentes, foram finalistas em diversos festivais internacionais. Tais como: *NYC Horror Film Festival*, *Freak Show Film Festival* e *Shriekfest Film Festival*, eleito o festival de horror mais importante de Los Angeles pela revista *LA Weekly*. Convidado pela organização de alguns festivais, realizou palestras e participou de sessões de perguntas e respostas sobre seus filmes em Nova Iorque, Atlanta e Orlando.

Foi convidado a exibir seu curta *Sadness* em Toronto, no *Festival of Fear*, considerado um dos maiores festivais da indústria de entretenimento do mundo, que recebe em média 80.000 visitantes por edição.

Em 2012, foi convidado para ser o montador do longa-metragem norte-americano, *Making Light in Terezin*, realizado em Praga, Nova

 **CINEMA** •

Iorque e Los Angeles. Em Los Angeles, atuou também como diretor de fotografia da segunda unidade do filme. No segundo semestre, tornou-se produtor associado da obra, supervisionando toda a pós-produção de imagem e som.

Na literatura, após participar de diversas antologias, conheceu James McSill e tornou-se seu autor. Sob a assessoria de McSill, escreveu seu primeiro romance, intitulado *Vingança* e logo foi publicado no Brasil. Alguns meses depois, o livro despertou o interesse em Portugal, foi adaptado para o país e lançado com larga distribuição, ganhando excelentes críticas.

Atualmente, finaliza dois novos livros. Um infanto-juvenil, escrito em parceria com James McSill. E uma *graphic novel* no gênero suspense, a ser publicada na Europa e Brasil.

Quem é James McSill

Um dos consultores de história (Story Consultant) mais bem-sucedidos do mundo, reconhecido e elogiado pelo seu vasto trabalho na América Latina, América do Norte e Europa, estendendo-se, recentemente, à Ásia. James, anglo-brasileiro, trilíngue e linguista por formação, tem mais de trinta anos de experiência na arte de conduzir autores a uma "história viável para publicação", a atuar como consultor de histórias a fim de tornar um roteiro "mais apetecível" à telona ou à telinha e a sensibilizar líderes e organizações quanto aos benefícios do *Storytelling* como instrumento de trabalho e transformação. Fundador e diretor-executivo da McSill Ltd, em breve transformada no McSill Story Studio Co., Consultoria de Histórias e Assessoramento Literário (Reino Unido); Brand Storytelling (Portugal) e mentor da McSill Agency (Brasil, Reino Unido, Portugal e EUA), da McSill Storytherapy (Portugal e Brasil) e executivo-chefe do McSill Story/Transmedia Studio (UK), sempre foi pioneiro na indústria do livro e na consultoria de histórias. James é autor de mais de uma dezena de livros, conferencista em reconhecidas convenções de RH e acadêmicas; conduz treinamentos, seminários, *workshops* e palestras, bem como consultorias privadas em todos os aspectos do *Storytelling*, atingindo uma audiência de mais de dez mil pessoas ao ano.

O McSill Story Studio expande-se mais uma vez neste ano de 2015/16, com impressionantes números, não somente autores publicados em seus

CINEMA •

países de origem, mas também, através do Departamento de Traduções e Adaptações e Direitos Estrangeiros, mais de 20% dos autores do McSill Story Studio conseguindo publicação fora do seu país de origem. James através do McSill Story Studio, gere projetos editorias, projetos de *Storytelling* Corporativo, aconselhamento *(coaching)* para profissionais de marketing e propaganda e formações internacionais em *Storytelling*.

Tendo como base os contatos multilíngues, feitos através do seu estúdio, e das suas constantes viagens em busca da disseminação da sua mensagem, James criou uma rede de relacionamentos que abrange autores, escritores, famosos palestrantes, editores, editoras, tradutores, revisores, *film-makers* e *storytellers* que dá a volta ao mundo. Hoje apelidada de McTrix!

Como empresário da 'Indústria das Histórias', James tem como missão levar o maior número possível de pessoas a entender que as somente as histórias podem mudar a História, transformando vidas, proporcionando satisfação, bem-estar e felicidade.

Apresentação

Este projeto, de o André Schuck escrever um livro sobre cinema, voltado para a arte do roteiro, teve como ideia inicial a série *Book-in-a-Box*, também publicada no Brasil pela DVS editora e coordenada por James McSill, por meio do McSill Story Studio, Inglaterra. Após a primeira versão ter ficado pronta, percebemos que o livro extrapolava muito um simples manual para ajudar autores a melhor compreenderem o "básico do processo cinematográfico".

Da constatação de que tínhamos um assunto que se prestava para um livro, não somente para um público maior, mas que tratasse da temática com mais profundidade, até buscarmos mais material e produzirmos o livro que ora tem na mão, foi um passo. Um passo, diga-se, que levou mais oito meses de pesquisa e trabalho.

Lauren Bacall, que faleceu em agosto de 2014, quando este livro já estava em elaboração, certa vez disse que a "indústria" – queria dizer a indústria cinematográfica – era uma porcaria (em inglês usou o termo *shit*), mas que o meio, a mídia cinema, era maravilhoso. Lauren viveu 89 anos, foi uma das mais importantes atrizes norte-americana não só do cinema, mas do teatro e da televisão.

The industry is shit, it´s the medium that´s great, podemos imaginá-la a dizer na sua conhecida voz rouca, que tão bem realçava a sua aparência

CINEMA •

sensual em filmes como *À Beira do Abismo* (1946), *Prisioneiro do Passado* (1947) e *Como Agarrar um Milionário* (1953).

E foi com base no que afirmou esta atriz lendária, que conhecia a "indústria" como poucos, que pautamos o texto deste livro. Não vamos enfocar a "indústria", mas sim, o meio.

André, além de conceituado profissional na "indústria", é um artista originalíssimo. Por isso, imprimiu no texto sobre um assunto vasto e muitas vezes polêmico, a ênfase em pontos selecionados com critério, pensando não só nos colegas de profissão, ou no cineasta amador, mas nos milhares de leigos que sempre querem saber o que acontece por detrás das câmeras.

James, por sua vez, cuidou para que este livro contasse histórias da arte do cinema. Veja, história não, História. Mesmo o leigo sabe a História do cinema, esta "mídia", entre todas, a mais mágica, que nos encanta desde a época em que as fotografias se moviam (*movies*), boa parte em silêncio, até, hoje, na Era Digital, quando sentamos em uma sala *I-Max* para viver uma história em Real-D.

Frederico Fellini postulava que outra pessoa, a quem não conhecia, sintonizava-se com os "sonhos de Fellini" e realizava os seus filmes. David Lynch, outro gênio, diz que as suas ideias surgem do éter. Isto, pois, é Cinema. E, neste livro, você irá descobrir a beleza deste meio, a raiz da sua grandeza: a habilidade de, ao filmarmos uma sequência, uma cena, ela ser ao mesmo tempo uma fotografia objetiva do que supostamente está frente à câmera e ser a representação subjetiva da pessoa que está por trás da câmara.

Magia?

Não! Cinema!

Sumário

1   Introdução

3   Por que escrever roteiros?

5   *Storyline*

9   Argumento

15   Formato

21   Estrutura

39   Cena e sequência

47   Estilo

49   Personagem

59   Diálogo

CINEMA •

63 Comece com força total

67 Gêneros

101 Do livro ao roteiro

123 Reescrever

129 Roteiro pronto. E agora?

139 Curta-metragem

173 Séries para televisão

187 Os 101 melhores roteiros eleitos pela Writers Guild of America

197 Considerações finais

Introdução

Escrever não é uma tarefa fácil. Pode até parecer para quem jamais se sentou diante de um papel em branco, seja físico, ou digital, e começou uma história. Quem o faz, profissional ou aspirante, sabe que, de simples, escrever não tem nada. Algumas palavras, geralmente as vinte primeiras, aparecem como mágica, as milhares que virão em seguida são uma luta constante.

Quer um exemplo? Este livro. O primeiro parágrafo foi simples. Entretanto, agora, separados pelo Oceano Atlântico, um em York, Inglaterra, e o outro em São Paulo, Brasil, estamos tentando achar as próximas palavras que irão te ajudar no caminho da escrita para o cinema. E você pode ter certeza, não está sendo fácil.

Contudo, mesmo em meio à árdua tarefa de escrever, existe a grande satisfação de tecer tramas, colocar obstáculos ante um personagem, fazê-lo se apaixonar, sofrer, lutar, cair, perder as esperanças e, se possível, se for o desejo do escritor, deixá-lo vencer.

Em outras palavras, criar mundos novos, seja nas ruas que passamos todos os dias, em planetas distantes, ou em continentes imaginários de eras passadas. Onde antes nada existia, agora há aventura, terror, medo, esperança, alegria e amor. E se o escritor conseguir passar essas emoções para o espectador, significa que ele fez um bom trabalho.

CINEMA • Introdução

E é por esse bom trabalho que decidimos escrever este livro. Para ajudá-los a contar histórias que levem essas emoções para o público. Afinal, somos apaixonados por boas histórias e esperamos um dia nos emocionar com as suas.

Por que escrever roteiros?

A humanidade conta histórias há milhares de anos. Depois das caçadas, sentávamos e relatávamos como fora perigoso aproximar-se do animal selvagem antes de acertá-lo e assim trazer comida para toda a tribo. Fazíamos desenhos destas aventuras nas paredes das cavernas que nos serviam de abrigo. Milhares de anos depois, por meio de símbolos, começamos a registrar e a criar histórias em couro, papiro, papel e, por último, digital. Criamos o teatro, para que as histórias ganhassem vida mediante as interpretações incríveis de atores e atrizes em cima do palco. Após um bom tempo, inventamos máquinas capazes de fazer cópias e mais cópias desses símbolos e passamos a distribuir histórias mundo afora. O rádio aumentou nossa capacidade de propagar com mais velocidade o potencial de criar e encantar do ser humano.

Então, em 1895, uma sessão pública de vinte minutos, organizada pelos irmãos Lumière, para uma plateia de trinta e três pessoas no subsolo de um Café em Paris, foi o passo decisivo para um novo formato que espantou, maravilhou e dominou o mundo: o cinema; a sétima arte. Logo a demanda por histórias aumentou e a indústria cinematográfica deu seus primeiros passos até chegar ao poderoso mercado que é hoje.

Quem não adora ir ao cinema ou assistir a um filme em casa?

CINEMA • Por que escrever roteiros?

Bem, alguém sempre pode levantar a mão e dizer que tem um tio que é amigo do melhor amigo do sobrinho da tia-avó de um primo distante cujo vizinho odeia filmes. Mas, caso seja verdade, acho que não precisamos nos preocupar com isso.

E agora vem a pergunta: por que escrever roteiros? Simples. Não há produção, atores, atrizes, mercado, indústria, licenciamento de produtos, filme, sem que alguém conte uma história.

Contudo, a pergunta correta para este livro é: por que você quer escrever roteiros? E não podemos dar esta resposta. Só você é dono dela.

O que somos capazes de afirmar é que existe, no ser humano, uma paixão e uma necessidade tão grandes por contar histórias que alguns são compelidos a fazê-lo.

Para escritores, não importa se isso faz ou não sentido. Quase sempre, a família, os amigos não entendem a razão de ele ficar sentado em frente a um computador nas horas livres, escrevendo sem ter a certeza de que isso renderá frutos. Não importa. Escritores escrevem. Simples assim. Ponto final.

Esse sentimento não deve ser traduzido ou racionalizado como o sonho de ter um roteiro escrito. Recomendamos que você o encare como um objetivo. E qual é esse objetivo?

Escrever um roteiro?

Não.

Escrever um roteiro bom e comercialmente viável. Essa deve ser a sua meta. Ninguém escreve esse formato para guardar na gaveta. Todos querem vê-lo chegar ao cinema, ganhar vida, percorrer e emocionar o mundo.

Todas as culturas anseiam por novas e boas histórias que acrescentem algo em suas vidas, seja esperança, coragem, alegria e tantas outras emoções necessárias no dia a dia. E o requisito fundamental para você levar isso a elas pode ser resumido em uma pergunta:

Você é capaz de contar uma história?

Esperamos, com este livro, ajudá-lo da melhor forma possível.

Storyline

Antes de começar a escrever o roteiro, existem alguns passos que são fundamentais. O primeiro é o *storyline*.

E o que é o *storyline*? Simples. A história que você irá contar, por meio do roteiro, resumida em apenas um parágrafo. A seguir, alguns exemplos e seu primeiro exercício. De propósito, não colocamos os nomes dos personagens, sua missão é conseguir identificar os filmes sem essa dica. Se não conseguir reconhecer qualquer um deles, assista a mais filmes.

- Um adolescente tenta ajudar o amigo cientista e acaba voltando no tempo. Agora, ele precisa fazer seus pais se apaixonarem novamente para consertar os estragos causados por sua presença no passado e, assim, garantir a própria existência e a dos irmãos no futuro.

- Um jovem casal recebe uma caixa e a seguinte oferta: em troca de receber um milhão de dólares, devem apertar o botão da caixa sabendo que, em algum lugar do mundo, alguém que eles não conhecem morrerá.

- Para garantir a segurança do Papa durante a visita ao Rio de Janeiro, um oficial da polícia lutará contra o tráfico de drogas nas favelas, enquanto treina soldados com a intenção de achar um que possa substituí-lo na força policial mais temida da cidade.

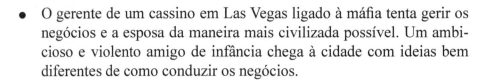

- O gerente de um cassino em Las Vegas ligado à máfia tenta gerir os negócios e a esposa da maneira mais civilizada possível. Um ambicioso e violento amigo de infância chega à cidade com ideias bem diferentes de como conduzir os negócios.

- Uma família muda-se para uma nova residência. Presenças sobrenaturais começam a perturbá-los e tornam-se cada vez mais violentas a ponto de sequestrar a filha mais jovem do casal.

Além de ser um norte para o roteirista nunca perder a essência da história que contará, o *storyline* tem a importante função de passar para produtores executivos, diretores, agentes, etc., o âmago da história de forma rápida e sedutora. Um *storyline* bem escrito fará com que esses profissionais queiram ler seu roteiro. Já um sem atrativos, levará seu roteiro para uma pilha que nunca será lida.

Storyline • **CINEMA**

 Exercício

Agora é a sua vez. Listamos três filmes e você deve fazer o *storyline* deles. Se estiver criando ou já tiver criado o seu roteiro, aproveite e faça o *storyline* dele após o exercício.

1. *Cidade de Deus*

   _____
   _____
   _____
   _____
   _____

2. *O Labirinto do Fauno*

   _____
   _____
   _____
   _____
   _____

3. *Gladiador*

   _____
   _____
   _____
   _____
   _____
   _____

Argumento

O segundo passo é o argumento. Ele é a base para o roteiro. A fase em que o roteirista deve colocar no papel toda a história: começo, meio e fim. Assim como o *storyline*, ele deve ser escrito na terceira pessoa do presente.

Antes de ler o roteiro, profissionais avaliarão o argumento com a intenção de conhecer a história e levantar dados vitais que serão a base para os custos do filme, tais como cenários, locações, quantidade de atores, coadjuvantes, figurino, equipe técnica, pós-produção, etc.

Esses profissionais procuram basicamente respostas para duas perguntas: quanto o filme custará e quais as chances de retorno do dinheiro investido. Por melhor que a sua história seja, a indústria cinematográfica é um negócio e quer lucrar. Então, além de escrever um bom roteiro, mantenha o aspecto comercial em mente.

A seguir, escrevemos o argumento do filme *Um Sonho de Liberdade,* roteirizado por Frank Darabont a partir do livro homônimo de Stephen King. Caso você não tenha assistido, recomendamos que o faça antes de prosseguir.

Em 1946, Andy Dufresne, o jovem e bem-sucedido vice-presidente de um banco, está bêbado e portando um revólver dentro de um carro estacionado na frente da casa onde está sua esposa adúltera e o amante dela. No tribunal – com cenas intercaladas de Andy descendo do carro

CINEMA • Argumento

e indo em direção à residência –, ele é julgado culpado e sentenciado a duas prisões perpétuas.

Na prisão Shawshank, Red, um prisioneiro por volta dos 50 anos também sentenciado à prisão perpétua, é entrevistado pelo comitê de condicional. Embora ele alegue estar pronto para sair em condicional, seu pedido é negado. Pouco depois, no pátio da prisão, Red observa Andy chegar, com outros prisioneiros, no ônibus do presídio.

Andy e o grupo são levados para conhecer Norton e Hadley, o diretor e o capitão da guarda, respectivamente. Ambos deixam bem claro que são tementes a Deus e demostram que podem ser bem rígidos com falta de disciplina quando batem em um dos novos prisioneiros por desacato.

Na primeira noite – sob a narração de Red que prosseguirá ao longo do filme –, vemos os prisioneiros trancados nas celas, gritando ameaças com a intenção de assustar os recém-chegados. Um deles não aguenta a pressão e começa a chorar. Hadley e alguns guardas o tiram da cela e o espancam até que perca a consciência. Na manhã seguinte, Andy descobre que o prisioneiro não resistiu aos ferimentos e morreu na enfermaria.

Um mês depois, no pátio, Andy aborda Red, conhecido por conseguir objetos de fora da prisão, e pede um pequeno martelo com a intenção de esculpir pedriscos para passar o tempo. Uma afinidade é estabelecida entre os dois. Logo, por meio de um intricado sistema de corrupção e favores, Andy recebe o martelo na cela.

Um grupo de homossexuais, comandado por Bogs, ataca Andy na lavanderia com a intenção de estuprá-lo. Andy resiste e acaba espancado. Esses ataques perduram por dois anos. Algumas vezes, ele consegue escapar, outras não.

A amizade entre Andy e Red cresce e, graças ao sistema de corrupção do presídio, os dois, e o grupo de amigos mais próximo, são sorteados para trabalhar fora da prisão.

Enquanto os prisioneiros revestem um telhado na cidade, o capitão Hadley se queixa, aos guardas, de que perderá grande parte de uma herança com impostos e taxas para o governo. Andy arrisca a vida ao dizer para Hadley que sabe como fazer para ele ficar com todo o dinheiro. Em

Argumento • **CINEMA**

troca, pede cervejas para os amigos que estão trabalhando duro. O capitão aceita a proposta e cumpre a promessa.

Uma noite na cela, Andy escreve, com o pequeno martelo, seu nome na parede. No dia seguinte, pede a Red que lhe arranje a Rita Hayworth.

Bogs e o grupo de homossexuais atacam Andy mais uma vez. Ao resistir, ele é brutalmente espancado. De volta à cela, Bogs é surrado pelo capitão Hadley até ficar paralítico. Em seguida, é transferido para outra prisão. Um mês depois, Andy sai da enfermaria e encontra um pôster de Rita Hayworth na cela.

Sem aviso, o diretor Norton e Hadley fazem uma visita de inspeção à cela de Andy e não encontram nada que possa colocá-lo em apuros. Norton desaprova o pôster de Rita Hayworth colado na parede, mas deixa passar.

Andy é transferido do trabalho na lavanderia para a biblioteca. Logo o motivo fica evidente: ajudar os guardas de Shawshank com as declarações de imposto de renda e as finanças. Entusiasmado, Andy começa a escrever cartas para construir uma nova biblioteca.

Brooks, o idoso responsável pela biblioteca, ataca Heywood, amigo de Andy e Red, por não aceitar a liberdade condicional depois de 50 anos preso. Red acredita que Brooks reagiu dessa maneira por medo da vida que levaria do lado de fora daqueles muros.

Brooks é solto, mas não se adapta à nova condição e comete suicídio no quarto arranjado pelo Estado. Andy e Red ficam muito abalados pela notícia.

As cartas, enviadas por Andy ao longo de seis anos, resultam em dinheiro e doações de livros suficientes para construir uma nova biblioteca em homenagem a Brooks.

Andy se tranca na sala de som da prisão e coloca uma ópera para os prisioneiros ouvirem. E, mesmo sob as ameaças de Norton, do lado de fora do cômodo, parece contente por proporcionar este momento a ele e aos detentos. Como resultado, fica duas semanas na solitária. Andy com-

CINEMA • Argumento

pleta dez anos em Shawshank, e, como presente, Red envia um pôster da Marylin Monroe para substituir o de Rita Hayworth na parede.

O diretor Norton começa a usar a mão de obra barata dos prisioneiros para ganhar licitações em obras do governo, e Andy começa a lavar o dinheiro desses contratos para Norton, que enriquece. Andy, então, revela a atividade ilegal para Red e explica que todo o dinheiro vai para a conta de uma pessoa fictícia chamada Randall Stevens.

Tommy Williams, um jovem ladrão condenado a dois anos, chega a Shawshank. Andy começa a ensiná-lo a ler e a escrever para que consiga o diploma do segundo grau, arranje um emprego e saia da vida de crimes. Tommy revela a Andy e Red que, antes de ir para Shawshank, conheceu, em outro presídio, um detento que alegava ter matado a esposa de Andy e o amante dela. Andy conta a Norton o que acaba de descobrir, mas o diretor afirma que não fará nada para reabrir o caso. Ao insistir, Andy é enviado para a solitária por um mês, mas a verdade é que Norton teme que, na hipótese de ser solto, Andy revele algo sobre o dinheiro lavado. Tommy, a mando de Norton, é assassinado por Hadley.

Ainda na solitária, sob fortes ameaças do diretor, Andy é informado que, ao sair, deverá continuar com a lavagem de dinheiro.

Fora da solitária, Andy parece psicologicamente abalado e sonha encontrar uma maneira de sair da prisão, pois não suporta mais sua vida. Conta, então, a Red, que sua esperança é um dia construir um hotel no México e ter o amigo ao lado dele.

Red diz que, como Brooks, se um dia fosse solto não conseguiria viver fora daqueles muros. Nesse caso, Andy o faz prometer que, se conseguir a condicional, Red irá até um campo em Buxton procurar uma pedra diferente em um longo muro, ao pé de um carvalho. Lá encontrará algo que Andy deseja que fique para Red.

Os amigos mais próximos de Andy temem que ele cometerá suicídio. No escritório, sob o forte controle de Norton, Andy guarda os livros de contabilidade no cofre. Fica ainda encarregado de levar a roupa suja do diretor para a lavanderia e engraxar os sapatos dele. De volta à cela, revela uma corda que Heywood arranjou para ele.

Argumento • **CINEMA**

Na manhã seguinte, durante a chamada dos prisioneiros ao pátio, a fuga de Andy é descoberta. Sob a narrativa de Red, revela-se como Andy fugiu, sacou o dinheiro guardado para Norton sob o nome de Randall Stevens, mandou os livros contábeis para a imprensa e fugiu para o México.

O capitão da guarda é preso e o diretor comete suicídio no escritório, enquanto oficiais da polícia tentam arrombar a porta.

Após completar trinta anos na prisão, Red é chamado mais uma vez pelo comitê da condicional. Resignado a passar a vida na cadeia, diz que não sabe se está pronto para sair, mas que se arrepende todos os dias pelo crime que cometeu quando jovem. A condicional é aprovada, e Red está livre.

Fora da prisão, ele é enviado para o mesmo emprego e apartamento em que Brooks cometeu suicídio. Antes de se envolver em um crime para voltar a Shawshank ou se matar, ele decide cumprir a promessa feita a Andy.

Viaja até Buxton, encontra o muro de pedras, uma caixa contendo dinheiro e uma carta de Andy, dizendo que ele que foi para a cidade no México, na qual sonhava abrir um hotel. Red quebra a condicional, pega um ônibus para fora do país e encontra Andy.

CINEMA • Argumento

 Exercício

Agora que você leu todo o argumento, que tal assistir a alguns filmes e preparar os argumentos deles?

Esse exercício, além de divertido, o deixará preparado para absorver melhor algumas técnicas que veremos adiante. Você começará a enxergar o filme como um todo e perceberá detalhes inseridos ao longo dele que dão coerência ao clímax e ao fechamento das tramas e subtramas.

Para realizar este exercício, escolhemos três filmes de gêneros diferentes. De preferência, faça-o direto no papel, enquanto assiste. Quando você imaginou que seria aconselhado a fazer um exercício enquanto assiste a um filme? Aproveite.

1. *Os Bons Companheiros*
2. *Cidadão Kane*
3. *Rocky*

Formato

Este é o único momento em que sua criatividade deve ser guardada. Não invente no formato. Se você anseia que o seu roteiro seja visto como o de um profissional, ele precisa estar no formato usado por profissionais.

Existem muitos *softwares*, como o *Final Draft* e o *Celtx*, que irão ajudá-lo e poupar tempo com tabulações, margens, espaços, fonte, tamanhos, etc. Alguns são pagos, outros têm versões gratuitas com menos recursos, mas que mantêm o necessário para escrever o roteiro. Portanto, não há desculpa para o formato de seu roteiro estar errado.

Há anos, o padrão da indústria é o conhecido *master scene*. Neste formato, uma página equivale a um minuto, o que facilita calcular a duração do filme. Para ficar mais claro, cento e vinte páginas de roteiro equivalem a cento e vinte minutos de filme.

A seguir, para servir de exemplo, colocamos um pequeno trecho de roteiro.

 **CINEMA** • Formato

SUSSURROS
(André Schuck)

INT. CASA - QUARTO DE CASAL - NOITE
Em um quarto pequeno e bagunçado, com roupas e objetos espalhados, Daniel, oito anos, observa os pais dormindo. Com muito cuidado para não acordá-los, sobe na cama e engatinha no espaço entre eles. Quando chega à cabeceira, põe a cabeça em uma sobra do travesseiro e deita. Assim que fecha os olhos, ouve a voz da mãe.

MIRIAN
(sussurrando)
Dani? O que foi?

Por alguns segundos, o garoto fica quieto de olhos fechados.

MIRIAN
Dani, eu sei que você está acordado.

Daniel abre os olhos e responde em tom de voz baixo.

DANIEL
Tá muito barulho no meu quarto.

MIRIAN
De novo essa história?

DANIEL
É.

MIRIAN
Vamos logo. É melhor eu te levar de volta antes que seu pai acorde. Não quero ter problemas com ele esta noite.

Daniel afunda o rosto no travesseiro. Percebendo que o filho não voltará sozinho, Mirian levanta, demonstrando insatisfação e o pega no colo.

DANIEL
Eu tô com medo, mãe.

Formato • **CINEMA**

MIRIAN
Chega Daniel! Você já está bem crescido para ficar com bobagens. Você deveria ter medo é de acordar seu pai.

Daniel fecha os olhos e abraça a mãe. Baixinho, começa a chorar enquanto ela o tira do quarto.

Nessa pequena cena, criou-se uma atmosfera visual tensa. Os elementos que a formam são: o que o personagem principal deseja; quais foram seus obstáculos; o resultado (se conseguiu ou não); e a sequela. Além disso, foram introduzidos alguns elementos que serão importantes para a trama. O descaso que a mãe tem com o filho, quando coloca o conforto do pai em primeiro lugar, e o medo que Daniel tem do pai, maior do que o motivo que o fez sair do quarto.

Nesse trecho do roteiro, estão expostos os três elementos que formam a base do formato. Cabeçalho da cena, ação e diálogo. Vamos detalhar um por um e introduzir outros elementos.

Cabeçalho da cena

INT. CASA - QUARTO DE CASAL - NOITE

Escrito sempre em letras maiúsculas. Os programas de roteiro irão colocá-lo automaticamente neste formato. A primeira função é indicar que uma nova cena será introduzida. O cabeçalho começa com a nomenclatura INT ou EXT e indica se a cena é interna ou externa. Depois vem o local. No trecho usado como exemplo, usamos CASA – QUARTO DE CASAL. Isso indica onde a cena acontece. Quando a equipe de produção e o diretor de cena estão na etapa de pré-produção, eles detalham e numeram quantas cenas acontecerão na mesma casa e no mesmo cômodo. Por quê? Para diminuir custos. Por exemplo, se um filme tem vinte cenas no quarto de uma mesma casa, mesmo que elas aconteçam em momentos diferentes, fica muito mais rápido e barato filmar todas elas em sequência. Aliás, salvo raras exceções, filmes não são gravados na

ordem do roteiro. Existe uma logística que envolve diversos fatores que determinam o plano de filmagem. Por último, no cabeçalho da cena, é indicado o momento em que a cena acontece. Em geral, usa-se apenas os termos DIA ou NOITE. Deve-se manter esta indicação mesmo que a cena seja interna, pois acarreta planejamento para a produção, sobretudo, para o diretor de fotografia.

Ação

Trata-se da descrição da cena e do que os personagens estão fazendo. A primeira vez que o roteirista for apresentar um determinado lugar, ele também deve descrevê-lo. Lembre-se de que você está escrevendo um roteiro, não um romance, portanto, continue a utilizar a terceira pessoa do presente, seja conciso e claro. Por exemplo:

Em um quarto pequeno e bagunçado com roupas e objetos espalhados, Daniel, oito anos, observa os pais dormindo. Com muito cuidado para não acordá-los, sobe na cama e engatinha no espaço entre eles. Quando chega à cabeceira, põe a cabeça em uma sobra do travesseiro e deita. Assim que fecha os olhos, ouve a voz da mãe.

Diálogo

Trata-se da fala dos personagens. Os dois primeiros elementos do diálogo são: o nome do personagem, que deve vir em caixa-alta, e o que ele dirá. Repare que não se deve dar espaço entre o nome e o texto da fala. Por exemplo:

MIRIAN
Chega Daniel! Você já está bem crescido para ficar com bobagens. Você deveria ter medo é de acordar seu pai.

Algumas vezes, antes do nome do personagem, utiliza-se um recurso chamado *parenthical*. Ele pode indicar emoção ou ação do personagem. Por exemplo:

Formato • **CINEMA**

MIRIAN
(sussurrando)
Dani? O que foi?

Se você perceber que está utilizando muito este recurso, significa que os blocos de ação devem ser reescritos, afinal eles devem estar bem definidos a ponto dos atores perceberem o que o personagem sente e como seria natural se expressar. Para não abusar do *parenthical*, faça a seguinte pergunta: é possível o personagem demonstrar o que coloquei em *parenthical* no bloco de ação? Se for, corte-o.

Voice over

Muitas vezes, um filme tem o que chamamos de *voice over*, indicado no roteiro com as siglas V.O. A abreviação é alocada ao lado do nome do personagem e significa que a voz dele estará presente, mas o personagem em si não estará na cena ou fará alguma outra ação, a não ser falar. Trata-se do personagem narrando o filme. Muitas vezes, este recurso é utilizado para revelar os pensamentos do personagem. Um exemplo de filme com bastante utilização de voice over é *Tropa de Elite*, sob a narração do capitão Nascimento.

Entretanto, muito cuidado com o uso do *voice over*. Por ser um recurso que facilita muito o trabalho do roteirista, o iniciante, em geral, acaba empobrecendo a qualidade do texto por usá-lo em excesso. Neste caso, você deve fazer a mesma pergunta do *parenthical*: é possível o personagem demonstrar o que coloquei em *voice over* no bloco da ação? Se for, corte-o. Lembrando que o *voice over* nunca deve começar no meio do roteiro porque quebrará a linha narrativa. Ou ele está presente no filme todo, ou no começo e no fim. A partir do meio, jamais.

CINEMA • Formato

 Exercício

O exercício a seguir tem três etapas para fixar o uso do formato. Selecionamos os seguintes itens:

- Cabeçalho da cena;
- Ação;
- Diálogo;
- *Voice over*.

Você deve criar uma cena da seguinte situação:

Marido e esposa estão viajando de carro por uma estrada deserta. A gasolina acaba e o posto de gasolina mais próximo fica a cinco quilômetros de distância. Irritado com a esposa que ficara de abastecer o carro, o marido a deixa sozinha e vai em direção ao posto.

Crie a cena usando:

Etapa 1. Cabeçalho de cena, ação e diálogo.

Etapa 2. Cabeçalho de cena, ação e *voice over*.

Etapa 3. Cabeçalho de cena e ação.

Depois de terminar, analise as diferentes soluções que você encontrou para contar a mesma cena.

Estrutura

Qual é a melhor forma de contar uma história? Aristóteles as dividiu em três atos – começo, meio e fim –, nos quais um personagem tem a vida mudada por algum fator externo ou interno e, então, enfrenta uma série de experiências e obstáculos que o leva a mudar e a descobrir algo sobre si mesmo.

Para fazer algum estúdio se interessar por seu roteiro e ele ganhar vida nas telas, esses três atos precisam conter os seguintes elementos: o personagem tem de ser extraordinário; enfrentar obstáculos tremendos para atingir o objetivo; e, assim que o fizer, passar por uma grande mudança.

Dificilmente você será capaz de encontrar uma boa história que não siga esta regra. Ninguém está disposto a comprar um ingresso para o cinema, um *blu-ray* ou alugar um filme para assistir a uma história em que nada além do cotidiano, comum a todos nós, acontece.

Imagine-se entrando no cinema para assistir à história de um garoto sem graça, criado por tios chatos. Ele frequenta a escola, sofre *bullying* e não tem coragem de falar com a garota pela qual é apaixonado. Durante o filme, isso se repete sem que o garoto faça algo para mudar a situação, mesmo tendo oportunidade. No fim, ele termina em casa, sozinho, triste por ser um covarde e ciente de que jamais terá a garota que tanto gosta. Você pagaria para ver isso? Duvido.

 CINEMA • Estrutura

Na ilustração a seguir, os três atos estão representados:

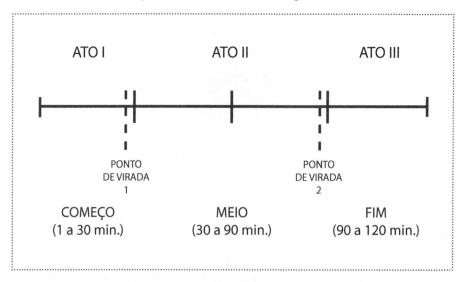

Nas próximas páginas, explicaremos separadamente cada um dos três atos e seus elementos principais.

Estes elementos, regras ou técnicas – escolha o nome que mais lhe agrade –, devem dar suporte para a estrutura da sua história. A princípio, você pode até se sentir algemado a elas, mas lembre-se de que há um bom motivo para que estejam presentes: fazer sua história ser absorvida e compreendida pelo público.

Claro que as regras podem ser quebradas. Mas nosso conselho é: faça como Picasso, primeiro domine e seja o mestre delas, mostre que aprendeu tudo que podia; só então quebre-as, se quiser. Mas nunca esqueça de que elas funcionam. E, mesmo usando-as, a única limitação é o seu poder de criar.

Os argumentos "a minha arte ficará presa aos elementos", "não é possível eu me expressar artisticamente com tantas regras" são uma grande bobagem. Muitos filmes considerados "fora do padrão" seguem esta estrutura e suas regras, mesmo que o público não perceba.

Estrutura • **CINEMA**

Ato I: apresentação

Nesse ato, deve-se apresentar o protagonista, trazer o problema que ele enfrentará e conduzir a história para uma nova direção. A seguir, colocamos os principais elementos que você deve ter em seu roteiro:

- Tempo e espaço: onde e quando a história acontece. Em São Paulo, daqui a duzentos anos? Na Terra como conhecemos? Em outro planeta? Como isso leva a história para frente? Invente as regras deste mundo e siga-as. Não trapaceie quando for difícil achar uma solução ou caminho a seguir. O público perceberá e a conexão será quebrada.

- Tema e tom: sobre o que é a sua história? Qual a mensagem que você quer passar? Isso será feito através de drama, comédia, aventura ou romance? Essa é a hora de mostrar ao público do que se trata a história.

- Protagonista: qual é fraqueza do protagonista? O que é importante para ele? Qual seu objetivo? Esses três elementos serão o fio condutor da história. A fraqueza criará os obstáculos que ele enfrentará para conquistar seu objetivo e preservar o que considera importante, ou descobrir uma nova perspectiva sobre a vida. Faça o público se apaixonar e se identificar com o protagonista, senão também não se importarão com a história. Jamais se esqueça de que boas histórias só existem com excelentes personagens.

- Incidente e ponto de virada: o que acontece para mudar a vida do seu protagonista? O incidente é forte o suficiente para provocar essa mudança? De jeito nenhum o incidente pode ser algo que ele simplesmente deixa para lá. Essa alternativa não deve existir, seja por uma questão de sobrevivência, ou por considerar moralmente importante. É aqui que o público se perguntará: ele vai salvar o planeta? Conseguirá ser absolvido do crime que não cometeu? A garota mais bonita da escola se apaixonará por ele? E claro que não precisa ser apenas uma pergunta, um objetivo, uma tensão, afinal, quanto mais problemas para resolver, melhor. No fim desse ato, o protagonista deve experimentar um ponto de virada, algo que o levará para outra direção e mudará sua vida para sempre. Separamos alguns exemplos

CINEMA • Estrutura

para ilustrar melhor a virada do Ato I: a filha do senador é sequestrada por Buffalo Bill (*O Silêncio dos Inocentes*); Louise mata a tiros um homem que estava prestes a estuprar Thelma (*Thelma e Louise*); Katniss se oferece para participar dos Jogos Vorazes no lugar da irmã (*Jogos Vorazes*).

Ato II: obstáculos e jornada

Para a maioria dos roteiristas, é o ato mais árduo de transpor para o papel. Nele, você desenvolverá melhor os personagens e seus relacionamentos. O grande desafio é não deixar o filme amolecer ou perder o rumo. Toda cena deve ter o propósito de levar a história adiante. A seguir, colocamos os elementos principais para o Ato II.

- Obstáculos: agora é a hora de testar a vontade e a persistência do protagonista. Cada obstáculo deve ser maior do que o anterior, a ponto de o público achar que o protagonista não suportará ou será capaz de superar o próximo obstáculo. São aceitos pela audiência até coincidência e má sorte que tragam problemas. O contrário é que não funciona: coincidências e sorte que livrem o protagonista de encrencas. Isso irritará a plateia e quebrará a verossimilhança do filme, mesmo que estejamos contando a história de um leão humanoide em Marte, porque o expectador pensara "Ah tá! Isso jamais aconteceria na vida real para livrar uma pessoa de tal problema". Caso isso aconteça, o protagonista perderá toda a força empregada nele e será muito difícil reconquistar o público durante o que restou do filme.

- Tentativas: neste ato, o protagonista não tem mais como escapar e precisa atingir seu objetivo. Para isso, fará uma primeira tentativa, ou uma série delas, procurando sempre a maneira mais fácil de resolver o problema. Inexoravelmente ele deve falhar. Além disso, todas tentativas terão consequências que gerarão mais complicações na vida do personagem. A cada sequência, ele ficará mais e mais amarrado a dificuldades para atingir seu objetivo.

- Subtramas: o momento de desenvolvê-las é no início desse Ato. Elas podem ser usadas com diferentes propósitos, porém, sempre com a

Estrutura • **CINEMA**

intenção de levar a história adiante, de aprofundar e enriquecer o personagem e o mundo que o cerca. Elas andam em paralelo com a trama principal e têm começo, meio e fim. Um dos perigos é a subtrama não ter o mesmo tema que a trama principal, o que pode confundir o espectador e "tirá-lo"da história. As subtramas podem ter efeito decisivo no objetivo do protagonista e surpreender o espectador por essa relação, mas jamais devem adquirir importância maior do que o objetivo central. Uma dica é ter o *storyline* sempre à vista.

- Novas tentativas: após a metade do Ato II, quando o protagonista pode finalmente respirar e está mais consciente dos erros cometidos na primeira tentativa (ou tentativas), ele começa a perceber a maneira correta de chegar ao objetivo. Logo, coloca em prática novas tentativas que o aproximarão da solução da trama principal. Contudo, como a vida do protagonista, por mais que você tenha se afeiçoado a ele, não deve ser fácil, mais obstáculos surgirão.

- Mudanças no protagonista: no segundo ato, o personagem principal começa a aprender com os erros e os obstáculos enfrentados e percebe que, para atingir o objetivo, precisa mudar. Essa mudança se manifestará de forma completa no terceiro ato.

- Ponto de virada: no final do Ato II, o protagonista deve passar pelo maior ponto de virada do filme. Ele está em seu momento mais baixo, a tensão atingiu o ponto máximo e tudo parece perdido. Então, ele descobre algo sobre si mesmo, ou sobre o mundo que vive e, desta maneira, sabe do que precisa para alcançar seu objetivo. Essa descoberta deve fazer sentido, não pode ser algo milagroso nunca mencionado antes no filme. Pequenas dicas e elementos devem estar inseridos ao decorrer da história para que o público aceite essa descoberta como verdadeira e sinta-se parte deste momento, algo que partilharam durante toda a jornada do personagem. Como uma fênix renascida das cinzas, o protagonista junta as últimas forças, se renova e parte para o ato final, pronto para vencer. E, agora que ele encontrou coragem e conhecimento para lutar como nunca fizera, sua vida foi mudada para sempre. Não há volta. Mesmo se for derrotado, jamais será o mesmo. A seguir, exemplos para ilustrar melhor a virada do Ato II: o terrorista Hans readquire o controle dos detonadores

CINEMA • Estrutura

(*Duro de Matar*); o pai de Billy desiste de obrigar o filho a praticar boxe durante uma apresentação de dança e decide ajudá-lo (*Billy Elliot*); Will termina com Skypar e se afasta do Professor Lambau (*Gênio Indomável*).

Ato III: resolução

Depois da longa jornada e da virada que o protagonista passou no Ato II, chegamos ao Ato III quando a trama principal e as subtramas se aproximam ou colidem, e tudo é resolvido para o bem ou para o mal.

Este ato deve conter uma série de ações que levam o protagonista ao clímax do filme. Esse deve ser o momento de maior grandeza. Uma dica: além do fim do filme, saiba o clímax antes de começar a escrever o roteiro. Uma vez que estes dois pontos estejam definidos, o resto ficará muito mais fácil e lógico. Afinal, as cenas e as sequências serão construídas para chegar a um fim que você conhece.

Não seja óbvio. Surpreenda a audiência com uma solução inesperada. Faça o público pensar: "nossa, não deu certo. E agora?". E venha com uma solução verossímil, mas que os surpreenda.

No fim, os obstáculos, as tensões, as subtramas, o arqui-inimigo devem forçar o protagonista a tomar a decisão que põe à prova a mudança que ele sofreu durante a jornada.

A seguir, colocamos os elementos principais para o Ato III:

- Direto ao ponto: não há mais espaço para novos personagens ou subtramas, todas as ações devem levar o protagonista direto ao clímax do filme.

- Protagonista: ele mudou. Encontrou e descobriu fatos sobre si e o mundo que o cerca. Para a mudança ficar bem clara, ele deve lembrar ou confrontar sua antiga personalidade e assumir de vez quem é agora.

- Confronto final: não há mais volta. Agora é vida ou morte. Será que o protagonista derrotará o vilão ou o mundo está condenado? Ficará com a mulher que ama ou a perderá para sempre? Será absolvido ou

Estrutura • **CINEMA**

a cadeira elétrica é seu destino? Desde o início do filme, o público espera ansiosamente por este momento. É por ele que fica horas sentado em uma cadeira. Não o decepcione!

- Resolução: ufa! Finalmente nosso protagonista e todos que o cercam chegaram ao fim. Os arcos dramáticos estão completos. Fica clara a nova realidade do protagonista e o que o futuro lhe reserva. É essencial compreender que resolução não significa fim, mas solução para o objetivo do protagonista. Afinal, outras aventuras podem bater à porta dele.

Os três atos na prática

Para tornar o capítulo de estrutura mais claro, vamos exemplificar a teoria anterior utilizando um resumo dos três atos do filme *O Mentiroso*.

Ato I

Na cidade de Los Angeles, Califórnia, Fletcher Reede, interpretado por Jim Carrey, é um advogado obstinado a crescer na empresa, divorciado e pai de um menino chamado Max. Embora ame estar ao lado do filho, Fletcher dá preferência ao trabalho, por isso, muitas vezes quebra as promessas feitas ao menino e à ex-esposa Audrey, interpretada por Maura Tierney, mentindo sobre a razão de não ir a compromissos marcados, chegar atrasado ou ter de ir embora antes do horário combinado.

A compulsão e a facilidade de Fletcher em contar mentiras ajudou sua carreira como advogado e está levando-o ao topo na empresa em que trabalha. No dia do aniversário do filho, em vez de ir à festa, como prometido, Fletcher vai ao apartamento de sua chefe Miranda, acabam transando, e por consequência ele perde a celebração com o filho.

Triste e decepcionado, Max faz um pedido na hora de cortar o bolo: que Fletcher seja incapaz de contar mentiras por um dia.

O pedido de Max se torna realidade assim que as velas do bolo são apagadas.

CINEMA • Estrutura

Ato II

Por meio de vários incidentes embaraçosos, Fletcher descobre que não pode mentir, enganar ou, mesmo, omitir a verdade quando questionado. A nova condição torna-se um problema para o caso que ele está defendendo, no qual, se ganhar, trará grande avanço na carreira.

Sua cliente é Amanda Cole, que está se divorciando do ex-marido milionário e quer a custódia das crianças. A melhor testemunha de Amanda é um homem que mentirá a favor dela. Na corte, Fletcher descobre que não é capaz de fazer sequer uma pergunta, caso saiba que a resposta será uma mentira.

Em meio a todos esses problemas, Audrey e seu novo namorado estão planejando mudar para Boston. Ela decide que Max irá com eles, afinal, tudo que Fletcher tem feito nos últimos tempos é magoar o garoto.

Na corte, Fletcher tenta de todas as maneiras adiar o julgamento, mas não consegue. Em um golpe de sorte, Fletcher descobre que sua cliente mentiu a idade quando assinou o contrato nupcial. Ela disse que era maior, quando, na verdade, era menor de idade; assim, o contrato não teria validade.

Fletcher vence o caso, mas percebe que Amanda só quer a custodia das crianças para continuar recebendo dinheiro do ex-marido. Ainda na corte, ela arranca os filhos – que visivelmente preferiam ficar com o pai –, dos braços do ex-marido.

Nesse momento, Fletcher tem uma crise de consciência e briga com o juiz para que ele revogue a decisão. Ensandecido, o advogado acaba preso por desobediência. Após ter a fiança paga pela secretária, ele é solto.

Ato III

Os sócios da empresa despedem Fletcher, mas ele não se importa. Do lado de fora da delegacia, cheio de entusiasmo, ele diz à secretaria que pretende abrir um negócio próprio. Então, vai para o aeroporto, mas

Estrutura • **CINEMA**

quando chega lá, o avião com Audrey, Max e o namorado já está taxiando na pista.

Desesperado, ele rouba uma escada motorizada, cujo topo é da altura do avião, e tenta alcançar a aeronave. Fletcher consegue impedir a decolagem, mas se machuca no processo. Na ambulância, promete ao filho que nunca mais irá magoá-lo. Max percebe que o pai está dizendo a verdade (mesmo que o prazo do desejo já tenha acabado). Comovida, Audrey decide não ir com o namorado para Boston.

Um ano depois, Fletcher e Audrey estão comemorando o aniversário de Max. O garoto assopra as velas, e as luzes da casa se apagam simultaneamente. Quando as luzes acendem, Fletcher e Audrey estão se beijando. Fletcher pergunta se Max desejou que os pais voltassem a ficar juntos. O menino nega e diz que pediu patins. Os três começam a brincar pela casa, deixando claro que voltaram a ser uma família feliz.

CINEMA • Estrutura

Exercício

Agora é a sua vez. Antes de começar o próximo capítulo, temos um exercício e escolhemos dois filmes: *O Silêncio dos Inocentes* e *O Poderoso Chefão*. Você deve assistir aos filmes e descrever, conforme o gráfico abaixo, quando acontecem os momentos de virada.

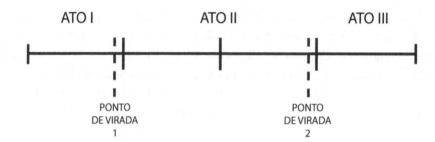

O Silêncio dos Inocentes

Ponto de virada 1

_____
_____
_____

Ponto de virada 2

_____
_____
_____
_____

> ## O Poderoso Chefão
>
> Ponto de virada 1
>
> _____
>
> _____
>
> _____
>
> _____
>
> Ponto de virada 2
>
> _____
>
> _____
>
> _____
>
> _____

Bate-papo com especialista

Conversamos com o diretor de cinema Pedro Amorim. Formado na renomada Tisch School of the Arts da New York University, ao voltar para o Brasil, se especializou em edição e realizou a montagem de longas (documentário e ficção), séries de TV, comerciais e videoclipes, recebendo diversos prêmios.

Pedro dirigiu as séries *Mothern* (GNT), indicada duas vezes ao prêmio International Emmy Award, *Quase Anônimos* (Multishow), *De Volta pra Pista* (Multishow) e *O Homem da sua Vida* (HBO). Em 2013, também na direção, lançou seu primeiro longa-metragem, *Mato Sem Cachorro*, que vendeu mais de um milhão de ingressos, ficando entre os *top* dez dos filmes nacionais no ano. Em 2014, dirigiu seu segundo longa, *Superpai*, para a Universal Pictures. Atualmente, prepara dois longas para a FOX e Warner Bros.

CINEMA • Estrutura

Fale um pouco sobre sua carreira.

Meu pai, antes de se tornar diplomata, fazia cinema e foi assistente do Ruy Guerra no filme *Os Cafajestes*, considerado o primeiro filme do cinema novo.

Quando criança, a gente assistia de Chaplin a *O Encouraçado Potenkim*. Ele passava esses filmes, mesmo quando eu tinha quatro anos. Então, o cinema sempre esteve presente. Tenho um irmão mais velho, o Vicente Amorim, que também entrou para o mercado, e eu segui os passos dele.

Fiz faculdade de cinema na New York University. Quando eu voltei, comecei a fazer assistência de direção. Como eu já tinha feito um curta-metragem fora do país, com uma pegada forte em edição, o Vicente me chamou para montar o documentário *Dois Mil Nordestes*. A partir daí, passei a ser chamado para montar longa-metragens do Murillo Salles e da Carla Camurati. Depois, fui convidado para montar as séries *Cidade dos Homens* da HBO e *Mandrake*.

Chamaram-me, então, para dirigir em produtoras de publicidade e conteúdo. Ano passado, dirigi o meu primeiro longa-metragem, *Mato Sem Cachorro*, e acabei de fazer o segundo, *Superpai*. Em paralelo, dirigi séries para televisão também.

Como foi a sua interação com o roteirista de Mato Sem Cachorro?

Mato Sem Cachorro surgiu de uma ideia conjunta entre mim, a Malu, produtora do filme e o André Pereira. Queríamos fazer um filme com uma pegada comercial, mas que a gente gostasse, tendo sempre em vista a qualidade cinematográfica. Percebemos que, no Brasil, ainda não tinha um filme com um cachorro como protagonista. Claro que *Mato Sem Cachorro* não é um filme sobre cachorro, como *Benji*, nesse aspecto está mais para *Marley e Eu*.

Nós três sempre gostamos de roteiros bem estruturados, focados na narrativa, com primeiro, segundo e terceiro atos bem claros. Acho que isso é um aspecto que falta um pouco no cinema brasileiro. Conseguir contar uma história com começo, meio e fim de forma despretensiosa. Então surgiu esta vontade, o André ficou encarregado de escrever o roteiro de fato, Malu e eu colaboramos.

Tive uma participação muito grande e acho que não conseguiria trabalhar de outra forma. Sempre atuei muito no desenvolvimento dos roteiros.

Quanto tempo levou para escrever o roteiro?

Da ideia ao primeiro tratamento, foi muito rápido. Isso porque o André é muito bom. Ele escreveu o primeiro tratamento em cinco meses, e a distribuidora já gostou. Pode parecer meio lento, mas, desse ponto até filmar, levou um ano e meio. Para nós que fazemos cinema, isso é muito rápido.

O apelo que esperávamos vingou. O público foi bem grande, por volta de um milhão e trezentos mil. Antes, deu certo com os investidores que acreditaram no potencial do filme. A razão é que sempre perseguimos a ideia de manter a qualidade cinematrogáfica e contar bem a história.

Depois de montado, o filme ficou com duas horas de duração. Achamos que isso não era bom porque perderíamos uma sessão nas salas de cinema. Fiz um corte para que ficasse com uma hora e quarenta e cinco minutos. Também funcionou desta maneira, só que um pouco pueril. Perdeu o lado feminino. Então, a própria distribuidora pediu para voltar ao formato original de duas horas. Com isso, aprendemos que ao escrever um roteiro muito bem amarrado fica difícil diminuí-lo sem perder algo no processo.

Quantos tratamentos o roteiro teve antes de considerá-lo pronto?

Você sempre tem que estar aberto a reescrever. Isso é muito importante. Você reescreve até o último momento e, às vezes, até no *set*. Em *Mato Sem Cachorro*, a gente fez cinco ou seis tratamentos. Não foram muitos porque a gente só reescrevia quando mudanças grandes aconteciam na estrutura.

CINEMA • Estrutura

Tem gente que muda o tratamento só de alterar uma vírgula, quando a gente mudava apenas um diálogo, chamava de 4.1, mudava algo pequeno de novo, chamávamos de 4.2. Quando alguma coisa afetava a estrutura de fato, quando caía personagem, aí a gente ia para um novo tratamento.

É importante dizer que esta é uma maneira significativa de trabalhar. Cada tratamento demonstra que houve uma mudança importante no roteiro.

O que o leva a escolher, a se interessar e a querer contar uma determinada história?

Eu acho que a primeira coisa é, ao ler, se envolver. Seja de uma forma sensorial: algo que lhe remeta a continuar escutando aquela história, querendo saber como ela se desenrolará... Ou de uma forma pessoal: se aquilo me afeta, se consigo me relacionar, se terei algum tipo de resposta ou alento com minhas próprias questões.

Geralmente, isso é atribuído a filmes mais artísticos, mas não necessariamente. *Neighbors* é um filme totalmente comercial, comédia escrachada, mas eu me envolvi pelo simples fato de ter um casal tentando sobreviver a vizinhos barulhentos, com um filho novo, e a questão do amadurecimento tardio também retratado no filme. Então, nem sempre precisa ser artístico para atingir questões pessoais.

Em resumo, são estes três elementos – a narrativa, a questão sensorial e a pessoal – que me levam a ter vontade de contar uma história.

Qual o maior desafio de transcrever o roteiro para imagens?

Começando pelos curtas, a maior dificuldade é manter-se fiel àquilo que você escreveu. É preciso saber que o filme é algo vivo, as coisas mudam. Existem imprevistos. É necessário ter abertura para absorver o que, por exemplo, o diretor de arte, o de fotografia, os atores trazem para você, e usar isto para elevar o filme. O cinema é um trabalho em grupo, ao meu ver, os melhores filmes são feitos desta maneira. Quando você consegue bons talentos e os faz "pegar" a história, que deve ter um cerne bem preciso, tudo acontece de forma surpreendente.

Estrutura • **CINEMA**

Então, a maior dificuldade no início, com os curtas, foi saber lidar com as opiniões externas. O grande aprendizado foi que cinema se faz em grupo.

Em Mato Sem Cachorro, alguma cena funcionava no roteiro, mas quando você foi gravar não funcionou tão bem?
E vice-versa, algo que não parecia tão certo no roteiro, no set funcionou bem?

De modo geral, isto acontece. Por exemplo, você tem um diálogo no papel que funciona, mas quando o ator vai ler, acaba não dando muito certo, ou vice-versa.

Uma das razões por não ter tido muito problema de transpor o que estava escrito para a tela, tanto em *Mato* quanto em *Superpai* – e que bato muito na tecla –, é que o roteirista esteja aberto a ensaios com o elenco.

Com tempo de ensaio – eu geralmente peço um mês –, claro que depende do nível de comprometimento dos atores, essas incertezas são eliminadas. Você já vê ali o que vai ou não funcionar. E isso também deixa o grupo mais coeso. Então, muitas das coisas que não funcionariam na filmagem, mas funcionavam no papel a gente já vê antes.

Como foi o processo de ver os roteiros ganharem vida?

Em todas as áreas, da publicidade ao longa-metragem, você lê aquele pedaço de papel e, de repente, aquilo está acontecendo. Você e a equipe moveram montanhas, e então surge o resultado. É um tapa na cara, tanto no que se refere aos erros quanto aos acertos. Ambos são muito evidentes. Acho que uma das coisas que me fascinam até hoje e me fazem querer sempre mais, é transpor aquela ideia para a vida real. É como ler um livro incrível ou ver uma obra de arte. É um sentimento único. Não tenho uma palavra exata. Sendo bem brega, eu diria que é mágico. Inclusive, é por isso que chamam de luz mágica. De vez em quando, leio um roteiro, um meio parágrafo, em que está escrito o homem pisa na lua. E você pensa: "caramba, e agora? Como vou fazer isso?" Mas você faz aquilo

acontecer, via arte, entretenimento, é sensacional. E, no fim do dia, fizemos realmente o homem pisar na lua.

O bom dos filmes comerciais, que tem data de lançamento, é fazê-lo parar. Não ficar mexendo e remexendo no material indefinidamente. Todo projeto sempre tem algo que você gostaria de ter feito a mais, seja na produção, na montagem, na correção de cor, mas chega um momento que você é obrigado a parar.

No fim, após passar por diferentes etapas e artes, o roteiro invariavelmente acaba mudado. Como você vê este processo?

Sem dúvida, é um processo vivo. Um dos grandes aprendizados é saber que aquilo que você escreveu vai mudar para o bem ou para o mal. É preciso saber lidar com fatores que mudam o tempo todo: condições climáticas, uma atriz que, determinado dia, não está bem, ou um ator que chega inspirado, cheio de ideias novas e você filma de forma diferente.

Na finalização, pode-se montar de várias formas diferentes, muitas vezes o que está no papel não funciona. Esta etapa é o último roteiro: o roteiro final. Eu acho até que o montador também deveria assinar o roteiro. No *Superpai*, durante a montagem, eu vi que as duas primeiras cenas estavam redundantes, e, por sermos focados na narrativa, me perguntei porque eu já não cortara aquilo antes.

Sempre vai mudar. Na montagem também podem haver erros. Sem dúvida, são momentos diferentes. É preciso, além disso, saber lidar com muitas opiniões: do distribuidor, dos produtores etc. Então, para minimizar todas essas mudanças, é preciso acertar no roteiro, assim o grau de frustração será menor.

Que conselhos daria a um aspirante a roteirista e diretor de cena?

Para um aspirante a roteirista, meu conselho é ler muito roteiros e livros. Mas leia os bons roteiros para estar sempre em desenvolvimento. Escre-

Estrutura • **CINEMA**

va o seu próprio curta. Coloque-o em prática. Saiba que tipo de filme você quer fazer: mais focado em atores, narrativa ou gênero.

Para o diretor, eu diria que se ele puder fazer uma faculdade ajuda muito, mas o melhor estudo é trabalhar no *set*. Comece por algum lugar, não necessariamente como assistente de direção. Por experiência própria, eu comecei como estagiário de arte, depois fui de som, já tive que servir muito cafezinho. E, mais do que ficar perguntando, é importante observar. Uma vez, um maquinista me disse: "Pedro, observa mais. Nem todo mundo tem tempo de ficar explicando. Então, observe". Como o diretor tem a função de atuar em todas estas áreas e entendê-las, o exercício de observação é fundamental. Outro ponto é desenvolver o espírito de grupo. Saber que você fará um filme melhor se souber escutar. Saber que opiniões melhorarão o seu filme.

Como você vê o mercado para roteiristas hoje?

De dez, quinze anos para cá melhorou muito. Desde que o Bráulio Mantovani foi indicado ao Oscar com *Cidade de Deus*, os roteiristas perceberam que dava para viver disso. Eu acho que tem uma nova geração com acesso a muito material e que entende mais de estrutura do que as gerações da Era Collor.

Hoje, há grande incentivo às séries e ao cinema, então, é um bom momento. Provavelmente um dos melhores que já houve para roteiristas. Ainda é preciso melhorar muito a remuneração, mas já melhorou bem, está começando a ter mais orçamento. Enxergo um momento muito bom para quem aspira a entrar no mercado ou está no começo desta profissão.

Também é necessário se profissionalizar um pouco mais, investir em desenvolvimento de roteiros. Fazer com que o roteirista exercite a profissão. Acho que o público brasileiro chegou a um ponto no qual esperam mais. Isso aconteceu na Europa e na Argentina, o público cansou do formato que deu certo por um tempo e passou a pedir mais. Isso é muito bom porque melhorará cada vez mais nossos roteiros. Tendo uma boa base na forma, você pode inovar e ir além.

Cena e sequência

A cena é a unidade básica do roteiro. Quando as juntamos, temos uma sequência que, unidas – várias sequências –, formam o roteiro. Define-se cena como uma ação contínua que acontece em um único lugar e tempo. Complicou um pouco? Vamos deixar mais claro.

1. O protagonista está dentro de um carro, perseguindo o vilão por uma rodovia durante o dia. Inesperadamente, um cavalo entra na estrada entre os dois carros. O protagonista gira o volante para a esquerda, perde o controle da direção e capota diversas vezes. Quando o carro para de girar, o protagonista sai ileso.

É a mesma cena? Se você respondeu sim, parabéns! Mesmo que o protagonista tenha saído do carro, o tempo não avançou. Foi uma ação contínua.

2. O protagonista está dentro de um carro, perseguindo o vilão por uma rodovia durante o dia. Inesperadamente, um cavalo entra na estrada entre os dois carros. O protagonista gira o volante para a esquerda, perde o controle da direção e capota diversas vezes. Quando o carro para de girar, o protagonista não sai do veículo. Ele abre os olhos, percebe que não se machucou, mas tem pouca luz dentro e fora do carro. Através do para-brisa, ele vê o pôr do sol.

CINEMA • Cena e sequência

É a mesma cena? Se você respondeu não, parabéns! Mesmo que o protagonista tenha ficado no carro, o tempo avançou. Ou seja, a partir do instante que o protagonista abriu os olhos é outra cena.

Cada cena tem seu próprio protagonista. Não precisa ser o herói da história, pode ser o antagonista ou qualquer outro personagem. A escolha depende do propósito da cena e deve ter uma das seguintes funções: mover a história para frente; desenvolver o personagem; revelar o mundo onde a história acontece. Para isso, os seguintes pontos devem estar bem definidos antes de começar a escrever:

- O que o personagem principal da cena quer?

- Quais são os obstáculos?

- O que acontece como último esforço na cena para que ele consiga atingir o objetivo?

- Ele consegue? Falha? As duas possibilidades levarão a consequências.

Com essa estrutura, fica claro que, assim como o roteiro, a cena tem começo, meio e fim bem definidos.

Como dito no começo do capítulo, a sequência é o conjunto de várias cenas interligadas para formar uma tensão em direção a um clímax. A sua duração em geral varia entre dez e quinze minutos, tem tensão própria (não a principal do roteiro, mas relacionada a ela).

As funções da sequência – além de levar a história adiante e criar tensão –, são trazer informações dos personagens e possíveis soluções e obstáculos para a trama principal.

Início da sequência

Deve-se estabelecer o objetivo. Por exemplo: o protagonista precisa alimentar os filhos que estão fracos de tanta fome.

Dessa maneira:

O protagonista, um desempregado e honesto pai de família, que luta para arranjar uma nova fonte de renda e não perder a guarda dos filhos para o Estado, chega a casa durante a noite, após mais um dia de busca infrutífera por emprego. Percebe, então, que as crianças, assim como ele, estão famintas. Não sabendo de onde tirar dinheiro e também desnutrido, decide que dará um jeito de aplacar a fome dos filhos ao menos aquela noite.

Meio da sequência

Deve-se desenvolver a busca pelo objetivo. Então, o protagonista tentará de uma ou mais maneiras conseguir a comida.

Por exemplo:

Após várias tentativas frustradas de pedir dinheiro para desconhecidos na rua e de implorar em lanchonetes, o protagonista entra em uma loja de conveniência, explica a situação para o balconista, pede algo para levar às crianças, mas tem o pedido negado.

Final da sequência

Deve-se solucionar a busca pelo objetivo para o bem ou para o mal e gerar consequências.

Por exemplo:

O protagonista surta, começa a percorrer as gôndolas e pegar o que precisa. O balconista chama a polícia. Assim que ouve as sirenes, o protagonista corre para fora da loja com os itens que roubou e evita ser preso. A polícia chega, e o balconista diz que podem descobrir quem é o ladrão por meio das câmeras de segurança.

No exemplo, o protagonista conseguiu o que queria. Atingiu seu objetivo na sequência: comida para alimentar os filhos ao menos por mais uma noite. E o que nós descobrimos? Que esse pai de família, a pessoa que estamos acompanhando e torcendo pelo sucesso ao fim do filme, é capaz de ultrapassar limites morais e cometer crimes para defender aqueles que ama. Ou seja, desenvolvemos e revelamos mais do personagem.

CINEMA • Cena e sequência

Qual a consequência dessa sequência para o protagonista e para o filme? A tensão aumentou. Agora, além de se preocupar com os filhos, a falta de dinheiro e o serviço social do Estado, ele é perseguido pela polícia. Sua busca por soluções tem mais um novo obstáculo.

Lembre-se: se a sequência, ou alguma cena que a compõem, não leva a trama adiante ou desenvolve o personagem, esqueça-a, não a escreva e, se já o fez, apague. Elas não servem para a história. Irão apenas tirar a concentração do público, o que não pode acontecer.

Fichas

Existe uma ferramenta utilizada por muitos roteiristas para visualizar as cenas e as sequências como um todo. Trata-se de uma simples ficha retangular, como ilustrada a seguir.

```
1. | INT. COZINHA – DIA

Gabriela, apressada, prepara os sanduíches que os filhos
levarão para a escola e preocupa-se se chegará a tempo na
entrevista de emprego. Flecha, o pastor-alemão da família,
entra correndo na cozinha, todo sujo de lama, e salta em
direção a ela. Pega de surpresa, Gabriela grita e deixa os
sanduíches caírem no chão. Dá uma bronca no cachorro e
corre para trocar a roupa suja de lama.
```

Muitos programas de roteiro já possuem, como recurso, essa fichas, porém diversos roteiristas preferem também fazer os cartões para tê-los fisicamente em mãos. Além de um dos melhores meios de visualizar a fluência da história, para rearranjar o roteiro basta mudar os cartões de posição e ver o que acontece.

Profissionais do mercado usam os cartões de diferentes maneiras. Alguns escrevem apenas as sequências, outros, todas as cenas por cartão. O importante é você encontrar uma maneira para que o objetivo dos cartões se faça presente.

Algumas dicas podem ajudá-lo:

- Não escreva muito. Deixe isso para o roteiro. Seja conciso. Escreva em poucas palavras – poucas mesmo – a cena ou a sequência que o cartão representa. Para funcionar, você tem de bater os olhos e saber o que está ali e por quê. Nada além disso.

- Coloque em letras grandes o nome do personagem da cena – seja o protagonista, o antagonista ou os principais coadjuvantes –, isso ajudará a visualizar em quantas cenas o personagem aparece. Se ele não estiver muito presente em um dos atos, a força do personagem foi perdida. Neste caso, preste muita atenção no Ato II.

- Use cartões coloridos. Se você usar uma cor diferente para as cenas de ação, será mais fácil visualizar como a tensão foi dividida. Uma terceira ou quarta cor pode ser usada para mostrar onde acontece o incidente e a virada de cada ato. Isso o ajudará na proporção do roteiro.

- Não empilhe ou esconda os cartões na gaveta. Essa ferramenta só funciona se estiver à vista, portanto, recomendamos dois métodos: varal ou mural. Faça um varal no seu escritório ou quarto e pendure os cartões. Caso você não possa ou não queira "bagunçar" o seu cômodo, compre uma lousa de cortiça, coloque na parede e com tachinhas pregue os cartões. O importante é deixa-los à vista, para serem rearranjados de forma fácil. Como um passe de mágica, você compreenderá a função e usará os cartões em sua totalidade.

CINEMA • Cena e sequência

Exercício

Neste capítulo, faremos dois exercícios.

1. Leia a descrição a seguir:

Uma garota de dezoito anos está na sala de estar olhando pela janela. O telefone toca, ela atende, a pessoa do outro lado da linha não diz nada. Ela desliga, pega as chaves do carro e sai da casa.

No primeiro exercício, transforme a descrição anterior em uma cena de roteiro, depois crie uma segunda cena, no mesmo local, que explique o que aconteceu com a garota depois que ela saiu de casa. Lembre-se de que não vale usar diálogos.

2. A seguir, colocamos um trecho do roteiro do filme *Tubarão* escrito por Peter Benchley e Carl Gottlieb. Você deve transcrever esta cena para a ficha.

EXT. BARCO – DIA
Michael está sentado em seu barco no cais. Brody abre a janela da casa.

BRODY
Filho! Saia da água!

MICHAEL
Meu barco está pronto, pai!

BRODY
(virando-se para Ellen)
Diga que eu o quero fora do oceano.

ELLEN
É apenas um metro de profundidade, Martin.
Você disse que o tubarão estava a caminho da Flórida.

> **BRODY**
> Michael! Venha para casa!
>
> **ELLEN**
> O aniversário dele é amanhã.
>
> **BRODY**
> Eu disse para ele não sair até ter memorizado o manual, o guia de segurança e...
>
> Os olhos de Ellen percorrem o livro que ela segura. A pintura, *The Gulf Stream*, mostra um pescador sendo atacado por um tubarão. Ellen grita pela janela.
>
> **ELLEN**
> Você ouviu seu pai. Saia já!

1.

Estilo

Mesmo dentro da rigidez proposta pela estrutura e formatação, muito se pode argumentar sobre os diferentes estilos de escrita para roteiro. Afinal, é possível o autor impor um estilo próprio na hora de escrever e ainda respeitar todas as técnicas explicadas até o momento e as que virão nos próximos capítulos. Um ponto importante sobre desenvolver um estilo próprio é sempre lembrar que isso vem naturalmente, com a prática constante de escrever. Por isso, a princípio, preocupe-se em dominar as técnicas básicas.

Seu texto, acima de tudo, deve ser simples. Você está escrevendo um filme, não um livro. Não existe a necessidade de impressionar o leitor com seu conhecimento e qualidade literária.

Quando estiver mostrando a mudança do personagem, não escreva o que ele está sentindo, mostre. A menos que você coloque essa informação em diálogos ou *voice over*, como o público ficará a par deste sentimento? Não ficará. Mostre, portanto, por meio de ações.

Exemplo que conta como o personagem se sente:

INT. CASA DO FELIPE - NOITE
Cheio de raiva, Felipe entra em casa.

Exemplo que mostra como o personagem se sente:

CINEMA • Estilo

INT. CASA DO FELIPE - NOITE
Felipe entra em casa. Fecha a porta com violência e arremessa o celular contra a parede.

Em outras palavras, o que você deve fazer é: mostrar. Não contar.

Como você não é o diretor de cena ou de fotografia do filme, não se preocupe em detalhar os ângulos de câmera ou como a luz incide sobre os personagens. Concentre-se na sua função, de criar e transpor para o papel, de maneira apropriada, uma história que vale a pena ser contada. Se a cena realmente precisa de um determinado ângulo que conte melhor a ação ou de uma luz que ajude a passar o estado emocional do personagem, coloque no texto.

As únicas informações que devem formar o roteiro são aquelas que facilitam ao leitor visualizar a história. Todo o resto pode ser cortado.

 Exercício

Por ser uma das regras fundamentais para escrever profissionalmente, sugerimos que, após o exercício proposto, tenha como hábito inventar situações para treinar esta regra até que ela saia de forma natural no papel.

Leia a situação a seguir:

Um homem entra em casa e vê a esposa falando ao telefone.

Escreva quatro cenas diferentes, de no máximo uma folha, sem diálogos, apenas ações, em que o homem transmite os seguintes sentimentos a esposa (lembre-se: apenas um sentimento por cena).

Cena 1: eu amo você.

Cena 2: eu a odeio.

Cena 3: estou com medo.

Cena 4: estou confuso.

Personagem

O que faz o público roer as unhas, dar risada, chorar, torcer e se perguntar, o tempo todo, será que vai dar certo?

O personagem.

Não há força maior em uma história do que ele. Uma boa história sobrevive por cento e vinte minutos apenas se tiver bons personagens. É comum o escritor primeiro ter a ideia do personagem para depois criar a história e o universo ao redor dele.

Vamos a três exemplos de filmes de diferentes gêneros:

- *Piratas do Caribe*: as pessoas assistem ao filme porque adoram piratas buscando tesouros ou para ver o Jack Sparrow? Perdão, Capitão Jack Sparrow.

- *Curtindo a Vida Adoidado*: quantos filmes existem de adolescentes revoltados com a escola e com os pais? Milhares. E de qual adolescente todos lembramos? Ferris Bueller.

- *O Brinquedo Assassino*: quem lembra o nome do menino que ganhou o brinquedo? Poucos. E da irmã dele? Ninguém. Agora pergunte até para quem não gosta de filmes de terror: como é mesmo o nome daquele boneco que mata as pessoas? A resposta imediata: Chucky.

CINEMA • Personagem

Se os personagens desses filmes não tivessem sido tão bem construídos, eles teriam virado sucesso? Dificilmente. Talvez com marketing agressivo a bilheteria da primeira semana pudesse ser boa, depois o filme cairia no esquecimento. Agora nos responda. O que os personagens de um pirata do século passado, um adolescente e um brinquedo assassino têm em comum?

Personalidade.

Ninguém gosta de pessoas "sem sal", que não têm opinião e não tomam atitudes de acordo com aquilo que acreditam. Isso é algo que seu personagem não pode deixar de ter: uma forte personalidade.

Criar um personagem com esta característica o ajudará, e muito, a levar a história adiante. Se você estiver no segundo ato, quando o roteirista pode se perder, e se mantiver fiel a essa característica, será muito mais fácil manter o ritmo forte, rumo ao terceiro ato.

Mesmo que os personagens sejam alienígenas, animais em desenhos animados, monstros, uma regra, ou melhor, uma condição precisa aflorar entre todas as demais, o personagem tem de parecer verdadeiro. Somente assim o expectador irá aceitá-lo.

A única maneira de o público entrar no mundo criado por você e se relacionar com ele é reconhecer algo de si na personalidade dos personagens. Se isso acontecer, pronto, você os pegou, eles serão seus pelos próximos cento e vinte minutos, você fez um ótimo trabalho e conseguiu transpor as pessoas da realidade para a fantasia. Agora, eles se importam com os personagens, torcem, choram com ele e quando o filme termina vão para casa, de alguma maneira, modificados. E sabe o que mais? Assistirão de novo. Sua criação fará parte da vida de muitas e muitas pessoas.

Quer uma dica para construir um personagem verdadeiro, crível e cheio de empatia, que faça o público se reconhecer nele, mesmo que não possua aparência humana e seja um ser de outro planeta?

Escreva suas experiências de vida, relacionamentos e visão de mundo. Sua abordagem terá elementos verdadeiros, atuais e também experimentados pela plateia. Isso levará seu personagem a ter reações plau-

Personagem • **CINEMA**

síveis e muito bem justificadas. Mesmo que o protagonista decida pular de um avião sem paraquedas para se agarrar ao vilão e ter uma chance de salvar a filha, nós pensaremos, bem, eu também faria isso por minha filha, arriscaria a própria vida.

Um personagem não deve ser perfeito, sobretudo o protagonista do filme. Se ele não tiver defeitos, medos, manias, fraquezas não haverá conexão com o público.

Após construir a base do personagem, detalhes que o tornem real devem ser adicionados. Vamos a Indiana Jones, um arqueólogo aventureiro capaz de sacrificar a própria vida pela preservação da história, de seus tesouros e dos companheiros de aventuras. Altruísta? Sem dúvida. Heroico? Com certeza. Agora vamos aos defeitos: obsessivo, um tanto quanto cínico e morre de medo de cobras. Esses elementos contribuem para acreditarmos no personagem.

Outra maneira de pensarmos na ligação que acontece entre o público e o protagonista é observarmos o arco do personagem. E o que é? Simples: a transformação que ele sofre durante o percurso da história. Você se lembra, na estrutura do roteiro, quando abordamos no Ato II o elemento *mudanças do personagem*? É isso. Dê uma segunda lida: o protagonista começa a aprender com os erros e os obstáculos e muda para atingir seu objetivo principal. Essa mudança se manifestará de forma completa no Ato III.

Ato por ato, o processo resumido fica desta maneira:

No Ato I, introduza o protagonista e depois a tensão principal. No Ato II conte um pouco mais sobre ele, o pano de fundo de sua vida, algo relevante que ajude a justificar seus atos e comportamentos, faça-o ter um diálogo, nem que seja com um peixe, que revele sua alma, seus medos e sonhos. Ao chegar ao Ato III, não há mais tempo para trazer surpresas de personalidade. O público já conhece o personagem e o ama, ou adora odiá-lo. Não quebre a magia do que foi construído arduamente até esse ponto.

Vamos a um exemplo clássico:

CINEMA • Personagem

Um Conto de Natal de Charles Dickens. Nas duas últimas semanas antes do Natal, dezenas de versões dessa história são transmitidas na televisão e, muitas vezes, novas maneiras de contá-la chegam ao cinema.

No Ato I, o Sr. Scrooge é um velho avarento que não liga para a família e os funcionários e considera o Natal uma grande bobagem. É um pão-duro egoísta que não abre a mão de um tostão.

No Ato II, espíritos do passado, presente e futuro o visitam. Como em um sonho ele vai a diferentes lugares e tempos. Com isso, o Sr. Scrooge aprende valiosas lições e começa a mudar sua maneira de pensar.

No Ato III, ele é um novo homem. Exatamente o reverso do que foi nos últimos anos, agora se importa com a família e os funcionários, quer amar e ser amado também.

Um personagem é o que ele faz. Como na vida, em que não adianta falar uma coisa e fazer outra. O que fazemos nos define. Se Willian Wallace, personagem interpretado por Mel Gibson em *Coração Valente*, tivesse feito todos aqueles discursos inspiradores e em vez de ser o primeiro a se atirar contra os exércitos inimigos, fosse para trás das fileiras onde ficaria a salvo, teríamos dado tanta credibilidade a ele? Claro que não. Teríamos lutado com ele em cada batalha? Acreditaríamos em suas palavras finais antes de morrer? Também não.

Portanto, se deseja que seu personagem seja crível e amado, faça-o agir de acordo com o que fala e coloque-o em ação. Isso nos leva mais uma vez à técnica explicada lá atrás e que jamais deve ser esquecida: mostre, não conte.

E quem faz, quem entra em ação é porque deseja algo. Uma máxima do cinema é: um personagem é tão forte quanto o desejo dele de obter sucesso.

E o que ele deseja, não deve ser fácil de conseguir. Aliás, deve ser bem difícil, quase impossível a princípio. Afinal, se não houver barreiras, conflitos e tensão, qual é a graça? Vamos a alguns exemplos:

- *Piratas do Caribe – A Maldição do Pérola Negra*: o que o Capitão Jack Sparrow quer? O Pérola Negra. Agora imagine se em vez de

Personagem • **CINEMA**

passar por todos os problemas para conseguir a embarcação, ela estivesse simplesmente ancorada e tudo que Jack precisasse fazer era subir nela e zarpar. Onde está a aventura? Não há aventura, não há conflito, não há filme.

- *Rocky Balboa*: tudo o que Rocky deseja é uma chance de disputar o título de pesos-pesados para provar que pode ser um campeão. Se ele treinasse em uma superacademia, tivesse um emprego bom e estável, e o adversário, o atual campeão, fosse um fracote, onde estaria a tensão? Não existiria tensão, nem superação, não haveria filme.

E o que ou o quanto o protagonista está disposto a sacrificar para conseguir o que deseja? Essa é uma pergunta que a plateia fará e é seu trabalho como roteirista deixar a resposta bem clara.

Se as consequências do personagem não forem sérias, uma questão de vida ou morte, algo sem o qual ele não possa mais viver, seja por questões físicas ou emocionais, o público não se preocupará se ele conseguirá ou não.

Agora que você já tem base para construir um protagonista, seja o herói clássico ou o anti-herói, vamos ao elemento que o move pela história: o antagonista. Conhecido por vilão, inimigo, força do mal, corporação poluidora e seu proprietário sem escrúpulos, rainha má, chefe tirano, prefeito corrupto, bem acho que já deu para entender a que tipo de personagem estamos nos referindo.

O antagonista deve sempre ser, de alguma maneira, mais poderoso que o protagonista. Existem várias formas de construir essa relação de poder: o vilão pode ser fisicamente mais forte, ou ter riquezas e influências capazes de destruir a vida do herói, ou, mesmo, ter uma forte influência sobre aqueles que o protagonista ama e, assim, criar uma barreira que o impede de avançar.

Criar e manter uma tensão entre o protagonista e o antagonista é um dos elementos essenciais para um bom roteiro. O importante é manter sempre algumas dúvidas na cabeça do público, que os deixarão roendo as unhas até o fim do Ato III: como o protagonista vencerá o antagonista? Ele vai vencer?

CINEMA • Personagem

Vilões são personagens divertidos de criar. Muitas vezes, a moral do herói, ou mesmo, do anti-herói, não permite que ele tome atitudes mais radicais ou surpreendentes. Afinal, não podemos quebrar a lógica do personagem. Já os vilões podem tudo. Claro que depois de construído o antagonista, assim como construímos o protagonista, ele deve agir de acordo com sua personalidade estabelecida. Pense em Hannibal Lecter em *O Silêncio dos Inocentes*. Ele jamais agiria por impulso, sem planejamento e sem medir as consequências, como faria Annie Wilkes, interpretada por Kathy Bates, em *Louca Obsessão*. Se o fizesse, o público deixaria de acreditar nele e sua força de atração desapareceria. E perder a credibilidade no antagonista enfraquece de imediato o protagonista.

Graças à liberdade que os vilões têm em ser e agir, em muitos filmes, eles se tornam a figura central. Não é incomum o público preferir ver o filme por causa deles, não do herói.

Que tal um exemplo? *Batman: O Cavaleiro das Trevas*. Nesse filme, quem foi a força condutora? Quem nos prendeu à tela? Quem nos deixou tensos? Quem nos divertiu? O Batman? Não, o Coringa. O vilão. Aquele que deveríamos odiar. Contudo, o personagem foi tão bem construído, é tão interessante do ponto de vista emocional, e claro, a interpretação de Heath Leadger foi tão perfeita, que não havia alternativa a não ser nos apaixonarmos por ele. São tantas falas memoráveis, tantas cenas surpreendentes, que respeitam a personalidade estabelecida do personagem, que Batman, o super-herói, ficou relegado a segundo plano.

Depois do antagonista, outro personagem deve ser estudado. O coadjuvante. Se você conversar com alguém sobre filmes, será inevitável se lembrar dos personagens coadjuvantes. Muitas vezes, eles são tão memoráveis que nos lembramos dos filmes por causa deles. Alguns chegam até a ganhar longas-metragens próprios como personagens principais. Um exemplo recente é o Gato de Botas que apareceu em *Shrek 2* e logo estrelou como protagonista.

Os coadjuvantes, para serem críveis e conquistarem o público, precisam ser tão complexos quanto os protagonistas. A história deve precisar deles. O coadjuvante não pode apenas estar lá. A relação entre ele e o protagonista, mesmo cheia de conflitos, deve ser fundamental na trama para o protagonista atingir o objetivo. Ou seja, o coadjuvante deve exercer um papel especial e único. Para entender melhor o quanto um coadjuvante é vital, pense nos seguintes filmes sem a presença deles:

- Coronel Hans Landa de *Bastardos Inglórios;*

- John Coffey de *A Espera de um Milagre;*

- Oda Mae Brown de *Ghost;*

- Nick de *O Franco Atirador;*

- Professor Henry Jones de *Indiana Jones e a Última Cruzada;*

- Dory de *Procurando Nemo.*

Um dos coadjuvantes mais interessantes da história do cinema é Wilson do filme *O Náufrago*. Você, provavelmente, está pensando: "como assim? É uma bola, não fala, não faz nada". E você tem toda razão, mas imagine o filme sem ele. Com quem Chuck Noland, interpretado por Tom Hanks, conversaria?

Se os roteiristas colocassem um personagem vivo, um animal, um cachorro, por exemplo, a solidão do protagonista não seria tão avassaladora. E caso Wilson não estivesse lá, não fosse humanizado pelo personagem que pintou um rosto nele, como saberíamos os sentimentos de Chuck? Ele teria que falar sozinho ou usar o recurso *voice over*, o que, em ambos os casos, diminuiria a tensão emocional do filme. Pense bem, quando o Wilson sumiu no mar, você não ficou com pena do Chuck? Viu. Uma simples bola que não fala, nem faz nada, foi bastante útil nesse filme. A seguir, para demonstrar a afeição de Chuck por Wilson, colocamos o trecho do magnífico roteiro de Willian Broyles Jr., em que Chuck está em sua balsa improvisada e Wilson cai no mar.

EXT. OCEANO – DIA
O céu está claro. As ondas continuam grandes. Os peixes estão de volta. E com eles os tubarões. Chuck não consegue levantar para pegar a lança.
Os tubarões vão embora.
Chuck fica de joelhos. Uma onda grande o atinge. Wilson cai na água. Chuck não compreende o que aconteceu e olha Wilson flutuar para longe.

> CHUCK
> Por favor, sem tubarões.

Ele pula na água e nada atrás do Wilson.
Wilson se distancia e ele está cada vez mais fraco. Por fim o alcança, mas consegue apenas afastá-lo.

> CHUCK
> Jesus. Onde está a jangada?

Ele se vira para o outro lado. A jangada está se afastando. Ele pode ir atrás de Wilson ou da jangada.

> CHUCK
> Droga! Wilson!

Aproveitando o exemplo do coadjuvante Wilson, vamos repetir mais uma vez: mesmo entre tantas estruturas, formatos e técnicas, a única barreira que deve preocupá-lo na criação de um roteiro é a sua imaginação.

Outro fator importante na criação do personagem, seja o protagonista, o antagonista ou os coadjuvantes, é o nome que será dado. Essa não é uma tarefa fácil. Muito pelo contrário, erre o nome do personagem e as chances de ele não criar veracidade ou empatia com o público são enormes. Por isso, pesquise bastante antes de completar esta tarefa.

Se você está criando um roteiro que se passa na Idade Média, investigue a literatura da época, documentos históricos e anote todos os bons nomes. Um deles pode ser a resposta para sua busca. Mesmo que sua história seja fantasia ou ficção científica, nomes exóticos funcionam bem, desde que embasados em algo real.

Assim como o título do filme, o nome do personagem deve ajudar o espectador saber quem o personagem é. A melhor dica é criar um nome memorável, não muito esquisito e difícil de pronunciar. Aqui estão três bons exemplos, Neo, da franquia *Matrix*; Ferris, do memorável filme da década de 1980, *Curtindo a Vida Adoidado;* e Wilson – após citar todas as suas qualidades neste capítulo, não podíamos deixar de comentar como foi boa a ideia de manter o nome do personagem o mesmo da marca da bola.

 Exercício

O primeiro exercício deste capítulo é criar um personagem ou usar um que você já tenha criado para responder as perguntas a seguir. As respostas serão o histórico do personagem. Quanto mais você souber sobre seu protagonista, antagonista e coadjuvantes, mais verossímeis e coerentes as ações serão. Muitas das informações não aparecerão no roteiro, mas elas manterão o seu personagem coeso e real.

1. Onde o personagem nasceu?
2. Por quanto tempo viveu lá?
3. Qual o nome completo dele?
4. Tem apelido? Por que ganhou um?
5. Quem foram os pais dele? Eles o criaram?
6. Qual a religião do personagem?
7. Qual o nível de escolaridade?
8. Como ele se portava na escola? Tinha muitos amigos ou poucos?
9. Como foi a infância e a adolescência?
10. Quais as preferências políticas?
11. Qual a maior fraqueza?
12. Qual a maior força?
13. O que o motiva?

CINEMA • Personagem

14. Qual objetivo máximo ele almeja?
15. Quais as prioridades? Família? Trabalho? Dinheiro?
16. Ele tem arrependimentos?
17. Como é o temperamento? Calmo? Irritado? Explosivo?
18. Tem manias?
19. Qual o *status* social dele?
20. É comunicativo?
21. Qual reputação carrega?
22. Como ele se vê?
23. Quais são suas características físicas?
24. Como se expressa? Qual sua voz?
25. Ele mantém relacionamento com a família? É bom? Ruim?
26. Quais os valores morais?
27. Como ele se veste em público? E quando está sozinho?
28. Como encara novos desafios?
29. Já sofreu algum trauma psicológico?
30. Até que ponto ele iria para conseguir o que deseja?

Agora que todas as perguntas estão respondidas, vamos ao segundo exercício. Crie um monólogo em que o personagem revele todas as respostas.

Diálogo

O diálogo é um dos momentos mais recompensadores ao escrever um roteiro. Quando feito de maneira apropriada, transpor para o papel a fala do personagem que você tanto ama e depois a ler em voz alta é como dar vida a sua criação. Como dito pelo Dr. Frankenstein: Está vivo! Vivo!

Para escrever diálogos verossímeis é preciso ter desenvolvido seu personagem e, mais, conhecê-lo a fundo: as gírias e os sotaques de onde ele veio, como se expressa no meio em que vive, se muda o jeito de falar em diferentes lugares ou com pessoas que admira.

Por exemplo, na presença dos amigos, o personagem pode ser durão e extrovertido, ao lado da menina que ama em segredo, pode ser tímido e não encontrar as palavras sequer para convidá-la para um jantar.

Todos nós temos esse tipo de comportamento ao falar, em casa nos comunicamos de uma maneira mais solta, em uma apresentação de trabalho escolhemos com cuidado cada palavra.

Todo personagem é único, portanto, sua maneira de se expressar verbalmente também deve ser. O Capitão Kirk de *Jornada nas Estrelas* jamais se expressaria como Spock. Se alguém ler o roteiro em voz alta, sem dizer qual fala pertence a quem, você saberia dizer quando a fala é do Capitão Kirk e quando é do Spock. Isso porque Kirk tem um jeito

CINEMA • Diálogo

mais solto ao falar, enquanto Spock, por causa de sua natureza venusiana, é formal e direto ao ponto.

Lembre-se de que o roteirista nunca deve aparecer. Sua voz, seu jeito de falar não interessam a ninguém que está sentado em frente à tela. Tome cuidado. Todos temos cacoetes e maneiras de nos expressar, né? É comum os roteiristas aspirantes cometerem este erro, né? Então preste atenção, estudar ou mesmo inventar uma maneira de falar é o que faz a diferença, né? Nossa! Quanto né, né?

Agora que torramos sua paciência repetindo esta palavra sem parar, imagine o quão chato se todos os seus diálogos terminassem desta maneira. Se você tiver um personagem mais caricato, tudo bem, só não exagere. Contudo, se todos eles usarem o mesmo jeito de se expressar, os diálogos e os personagens estarão arruinados.

Acertada a voz do personagem de acordo com a personalidade dele, existem ainda dois erros básicos e comuns ao escrever diálogos.

O primeiro é ser muito prolixo. Fazer o personagem falar mais do que precisa e muito mais do que condiz com sua personalidade. Isso desviará a atenção do público ou do leitor do roteiro. E tudo que desvia a atenção, que deixa a pessoa escapar do mundo que você criou, é sinal de que algo está errado.

Mesmo os personagens criados para serem tagarelas, falam apenas na hora certa e se você reparar, não falam tanto quanto os outros personagens reclamam. O Burro do filme *Shrek* é um bom exemplo.

A técnica para não ser prolixo é: seja conciso. Se você tiver a oportunidade de escolher dizer algo em uma frase ou em uma palavra, escolha a palavra e deixe a história seguir adiante. Se for possível tirar esta palavra do roteiro e substituí-la por ação, não hesite, corte-a. Nunca se esqueça de que as atitudes dos personagens dizem mais que as palavras.

O segundo erro é tentar dar veracidade aos diálogos replicando a maneira como falamos na vida real. Isso não funciona. Falamos demais para dizer coisas simples. Misturamos assuntos. Não somos precisos. Preste atenção nas conversas dos seus amigos, desconhecidos na rua, metrô, ou mesmo de seus familiares e perceba como trariam problemas ao roteiro. Os diálogos dos personagens ficariam longos e, mais uma vez, chatos.

Outro ponto é o que vem após o diálogo. Geralmente, a próxima cena é uma consequência do diálogo ou de parte dele. Assim como os outros elementos, como um incidente ou uma solução encontrada pelo personagem, o diálogo tem de mover a história para frente. Se o diálogo, em seguida, não levar a nada ou não criar tensão que logo comece a ter consequências, ficará uma sensação estranha no ar, algo que o público não reconhece, mas que o incomoda. Como uma peça de um quebra-cabeça que não encaixa.

Você deve planejar seus diálogos para eles terem uma aparência de realidade. Seu objetivo como roteirista não é escrever diálogos reais, mas que soem reais.

Como exemplo do uso perfeito de diálogos, colocamos a seguir um trecho do roteiro do filme *Coração Valente* escrito por Randall Wallace. Após ser capturado, Willian Wallace é levado a Londres para ser executado. A princesa, sob os olhares vigilantes dos carcereiros, arrisca a vida ao conversar com ele na prisão. Na cena, graças à ação tensa e ao diálogo cuidadoso, fica evidente o amor de ambos e a confirmação de tudo aquilo pelo qual Wallace lutou.

PRINCESA

Senhor, eu… vim para implorar que confesse e jure aliança ao rei. Talvez assim ele tenha piedade.

WALLACE

Ele terá piedade do meu país?
Ele irá retirar seus soldados e nos deixar governar?

PRINCESA

Piedade… é ter uma morte rápida. Talvez viver na torre. Com tempo, quem sabe o que pode acontecer. Se você puder ficar vivo.

WALLACE

Se eu jurar, então tudo que sou já estará morto.

Ela quer implorar e gritar.

 **CINEMA** • Diálogo

WALLACE

Seu povo tem sorte de ter uma princesa como você que consegue sofrer pela morte de um estranho.

Ela se aproxima dele, arriscando demais, mas não se importa e sussurra implorando...

PRINCESA
Você vai morrer! Será insuportável!

WALLACE
Todo homem morre. Nem todos realmente vivem.

 Exercício

Para o exercício de diálogo, você precisará da ajuda de uma outra pessoa. É bem simples: escolha o tema de uma conversa que ambos dominem e grave esta conversa. O importante é agir com naturalidade, sem se preocupar com a duração ou como vai soar. Depois, transcreva a gravação para o papel exatamente como aconteceu só que no formato de roteiro. Ou seja, coloque os nomes de quem falou o quê e na ordem correta.

Agora vem a parte bacana que ensinará muito a diferença entre ser real e soar real. Faça uma versão do diálogo em que tudo que não for essencial, não levar a conversa a uma conclusão, seja cortado e fique de fora. Leia na sequência as duas versões em voz alta para perceber a diferença.

Comece com força total

Diariamente, somos bombardeados com milhares de informações. Se você liga a televisão são centenas de canais passando filmes, documentários, séries e programas, se decidir escolher um filme via *streaming*, mais opções se abrem, além disso, os *tablets* e os *smartphones* estão sempre a distância da mão. Então como agarrar a atenção de alguém para que ele não desista de seu filme?

Prenda-os desde o início.

Os primeiros dez minutos são essenciais. Faça o teste. Vá ao cinema e cronometre o filme. Se, após esse tempo, você ainda estiver confuso a respeito do que se trata o filme, o protagonista não estiver estabelecido e não houver sequer uma pergunta em sua cabeça sobre o futuro dele, talvez você não aproveite as próximas duas horas como gostaria. Claro que nesses minutos iniciais, a tensão principal não deve ser estabelcida, mas sem dúvida, deve se deixar claro a que se refere o filme.

Muitas vezes, enquanto ainda estamos vendo os créditos iniciais, são feitas aberturas em que o tema do filme mostra uma força tão grande que os dois ou três minutos em que ela ocorre são suficientes para não mudarmos de canal e pensarmos na poltrona do cinema: "Nossa! As próximas duas horas serão sensacionais!".

Um exemplo é o filme *O Senhor das Armas,* estrelado por Nicolas Cage. O filme abre com o protagonista informando que, no mundo, exis-

CINEMA • Comece com força total

te uma arma para cada doze pessoas e que a pergunta que deve ser feita é como armar as outras onze. Então, entra a abertura do filme, o *clip* inicial com os créditos. Nele, acompanhamos a jornada de uma bala. Começa na fábrica, passa por todas as etapas de produção, depois é embalada, despachada e cruza o oceano a bordo de dois navios. Chega a um caminhão no meio da selva, é tirada da caixa e colocada em uma arma. Durante poucos segundos, do ponto de vista da bala, um alvo é procurado e, quando encontrado, a arma é disparada e a bala acerta a cabeça de uma criança armada para a guerra.

O filme *Tubarão* de 1975 escrito por Peter Benchley e Carl Gottlieb, dirigido por Steven Spielberg, além de ter inaugurado uma nova tendência na indústria de filmes, os chamados *blockbusters* de verão, tem um dos começos mais arrebatadores e com todos os elementos necessários para prender o público.

Vamos dar uma olhada:

Na primeira sequência um grupo de jovens está na praia ao redor de uma fogueira bebendo e dando risada. Um casal se afasta do grupo para nadar. A garota corre, tira a roupa e entra na água. O rapaz, bêbado, chega um pouco depois e começa a se despir com grande dificuldade por causa da embriaguez. Sozinha no mar, ela o espera ansiosa. Do ponto de vista do tubarão, passamos a observá-la nadando na superfície. O garoto desiste de tirar a roupa e desmaia na areia. Lentamente, o tubarão se aproxima e dá o bote. A garota grita, enquanto é arrastada e jogada de um lado para o outro como um boneco. Não tem ninguém que possa ouvir seus gritos. Logo, ela é puxada para baixo d'água.

O chefe de polícia, Brody, acorda em sua residência, recebe um telefonema dizendo que uma garota está desaparecida. Sem perder tempo, entra no carro de patrulha e segue para o local indicado. Durante o percurso, cruza com um cartaz na estrada que indica que o verão chegou e a região dá "boas-vindas" aos turistas.

Brody e o garoto bêbado da noite anterior se encontram na praia. Outro policial, vasculhando o local, apita desesperado. Brody corre até ele e vê a mão decepada da garota sendo comida por caranguejos.

Comece com força total • **CINEMA**

Até esse ponto, se passaram oito minutos. Foi estabelecida a atmosfera do filme: do que ele se trata, quem é o personagem principal e sua personalidade.

Se você estiver atrás de um agente ou de uma produtora, tentando vender seu roteiro, agarre-o na primeira página. Faça-o virar essa página para saber o que tem na próxima. Profissionais do mercado não tem tempo para ler um roteiro inteiro só para descobrir se há algo bom lá pelo meio. Não adianta o seu *storyline* ser fantástico se o roteiro não agarrar logo o leitor pelo qual você tanto lutou para enviar seu texto. O máximo de páginas que você tem para isso são dez. Se não conseguir, o seu roteiro será colocado de lado e a porta será fechada.

Depois de prender o gancho no leitor, a segunda parte é mantê-lo bem agarrado a ele. A ideia é fazê-lo se conectar ao personagem principal. Faça isso por meio de uma ação. Não é o tipo de ação que importa, mas como o personagem age ou reage a ela e o quanto descobrimos sobre sua personalidade para saber se gostamos ou não dele. Se o leitor não se importar com o destino do personagem, seu roteiro será deixado de lado. E, mais uma vez, adeus contato e adeus chance de ver seu roteiro produzido.

 Exercício

Como exercício para terminar o capítulo, assista ao início dos seguintes filmes:

- *O Sexto Sentido*;
- *Anticristo*;
- *Caçadores da Arca Perdida*.

Nos primeiros minutos, analise os elementos principais apresentados: atmosfera do filme, tema, personagem principal e sua personalidade.

CINEMA • Comece com força total

	Atmosfera do filme	Tema	Personagem principal	A personalidade do personagem principal
O Sexto Sentido				
Anticristo				
Caçadores da Arca Perdida				

Qual o resultado?

_____
_____
_____
_____
_____
_____
_____
_____

Gêneros

Todo filme de gênero tem elementos básicos que o compõem, mesmo assim, eles sofrem variações, influenciados por época, movimentos culturais, acontecimentos políticos, financeiros, ou seja, eles são o reflexo do que acontece ao nosso redor.

Para exemplificar, vamos usar o filme *Avatar*. O longa-metragem pertence ao gênero ficção científica e fantasia. Acontece em um planeta distante, em um tempo diferente do nosso. E qual é o tema do filme? A luta pela preservação do meio ambiente. E o que os fóruns, a mídia, as empresas privadas e os governos têm discutido cada vez mais no dia a dia? A preservação do meio ambiente.

Na década de 1950, os filmes de ficção científica abordavam outro assunto. Em 1952, ocorreu o teste com a explosão da bomba H. Isso chamou a atenção dos escritores de ficção científica e dos produtores de cinema e fez surgir o que se considera a era clássica do gênero. Nessa década, a maioria dos filmes traziam forças elementais com as quais não conseguíamos lidar. Qualquer semelhança com os testes atômicos não é mera coincidência.

Os estúdios e o público esperam, ao receber um roteiro ou assistir a um filme, que o gênero escolhido preencha a expectativa deles.

Os executivos do estúdio, se lerem um roteiro do gênero guerra, não gostarão muito de encontrar romance atrás de romance e nada de bata-

CINEMA • Gêneros

lhas. E o que farão? Pararão de ler. Todo o seu trabalho será deixado de lado. Claro que dentro de um filme de guerra pode haver romance, porém, a expectativa do profissional que irá ler – e quem sabe comprar seu trabalho – não pode deixar de ser preenchida.

Esse erro pode ser ainda maior se chegar a público. Imagine que você pagou para assistir a uma comédia romântica e, durante o filme, tem romance, comédia, mas também cenas de desmembramento, psicopatas e sangue – muito sangue. Sem dúvida, a grande maioria detestará o filme.

Um roteiro pode ter – e em muitos casos deve ter – mais de um gênero. Se isso acontecer com seu roteiro, a primeira pergunta que você deve fazer é: eu não estou trazendo elementos desnecessários e complicando demais a trama e as subtramas?

Outro ponto importante é encontrar gêneros que se encaixem. Um filme de suspense não pode ter comédia escrachada. O suspense será quebrado e a magia do cinema não estará lá. Por outro lado, se acertar na mistura, você terá mais direções para seguir sem correr o risco de desapontar ninguém.

São muitos os motivos que levam as pessoas a gostarem de determinados filmes, a maioria escolhe o gênero que mais lhe entretém. Ao escolher um filme específico para o fim da tarde de domingo, o que eles querem é o conforto da escolha, mas também serem surpreendidos. Isso é essencial.

Se o gênero for compreendido ele se torna uma ferramenta muito útil para o roteirista. Quanto mais dominá-lo, maiores as chances de ter o seu roteiro produzido.

Se você pesquisar na Internet, descobrirá que, em muitos lugares, os gêneros e os subgêneros se tornam quase infinitos. A lista de gêneros a seguir compreende todos em sua essência.

Ação e aventura

Este gênero, mais do que os outros, é baseado no visual: perseguições de carros que derrapam, capotam, saltam e o que mais os dublês puderem

Gêneros • **CINEMA**

fazer; piratas em incríveis batalhas navais com seus canhões de pólvora e projéteis de ferro; aviões de caça do exército que dão rasantes, fazem manobras evasivas, atiram mísseis; adolescentes e arqueólogos que caem de cachoeiras, pulam de paraquedas; e explosões – muitas explosões.

O protagonista do filme de ação sai basicamente do local onde considera seu lar – a própria casa, o escritório, a cidade onde mora –, ou tem sua rotina quebrada e é levado para algo novo, inesperado e, mais importante, não deve ser fácil retornar ao seu *status* inicial. Para consegui-lo, deve enfrentar forças maiores do que ele e encontrar uma solução inesperada ou uma força interior que não imaginava possuir, até ser confrontado.

A tensão da narrativa é atingida por meio da junção de três fatores:

- Perseguição. Ela ocorre quando o protagonista possui algo que o antagonista deseja. Pode ser um *microchip* com dados que o incriminem, dinheiro, joias, informações vitais para uma transação financeira que deixará o antagonista milionário etc. Enfim, são muitos os motivos que você pode inventar para o herói ser perseguido a todo custo. O protagonista também pode ser o caçador em vez da presa, o que acontece geralmente quando o herói do filme é um agente da lei, mesmo que aposentado de suas obrigações oficiais. Um bom exemplo é o filme *Busca Implacável*, em que Bryan Mills, interpretado por Liam Neeson, é um ex-agente do governo, cuja filha é sequestrada por traficantes de escravas sexuais. Após a ação dos bandidos, ele parte imediatamente para a França, em busca da filha, determinado a matar quem estiver em seu caminho. Mesmo nessa inversão de papéis, quem sempre deve correr perigo e ter mais a perder é o herói. A tensão maior deve estar sempre em seus ombros.

- Corrida contra o tempo. Esse fator faz a tensão do filme aumentar minuto a minuto. Quanto mais tensão, mais o leitor de seu roteiro ou o público ficará na expectativa do que virá a seguir e não deixará de lado aquilo que tanto suou para acompanhar. Vamos a um exemplo: um detetive do Rio de Janeiro foi chamado para atender um sequestro. Assim que chega à casa da família, o sequestrador liga, pedindo o resgate, e mostra a criança em cima de uma bomba-relógio. O vi-

CINEMA • Gêneros

sor mostra uma contagem regressiva de duas horas. O vilão avisa, se o dinheiro não for entregue no prazo, a bomba explodirá e adeus criança inocente. Mesmo se for uma família com condições de pagar e disposta a isso, deve haver algum motivo para a transação não acontecer. É função do personagem encontrar o cativeiro antes do prazo de duas horas. De preferência, isso deve acontecer quando o visor com a contagem regressiva marcar uma hora, cinquenta e nove minutos e cinquenta e nove segundos.

- Antecipação de um evento catastrófico. Deve estar implícito nos dois primeiros fatores. Ou seja, se o protagonista for derrotado durante a perseguição, o antagonista conseguirá alcançar seu objetivo e o herói terá falhado. Por exemplo, se o herói estava tentando impedir o vilão de adquirir uma maleta com os códigos para disparar mísseis nucleares e falhou, algum lugar do mundo desaparecerá do mapa. Já no fator tempo, se o detetive carioca não achar a garota sequestrada a tempo, a bomba explodirá e a família nunca mais verá sua adorável e inocente filha. Para resumir, este terceiro fator é o que faz o público roer as unhas. É o preço a pagar caso o herói falhe e o vilão ganhe. Sem isso, não há consequência, nem tensão, nem filme.

Filmes que recomendamos para que você compreenda melhor o gênero: *Duro de Matar; Caçadores da Arca Perdida; Rambo; Goonies; Cassino Royale; Gladiador; Predador; O Ultimato Bourne; Caçadores de Emoção.*

Crime e gângster

São três os elementos que nunca podem faltar neste gênero:

- Personagem dominante. Se não for o protagonista, é o vilão. Não existe uma história em volta dele porque ele é a história. O que seria do longa-metragem *Scarface* sem a presença de Tony Montana, interpretado por Al Pacino?

- Violência. Abundante e mostrada de forma direta com o intuito de chocar na maioria dos filmes. Não se resume apenas a assassinatos e espancamentos, deve também ser imposta de maneira psicológica

Gêneros • **CINEMA**

sobre os personagens mais fracos. Embora o chefe de uma família de mafiosos não assassine seus próprios irmãos, esposa, filhos, a pressão psicológica que eles sofrem por conviverem em um regime praticamente ditatorial é enorme. Todos sabem que se errarem haverá graves consequências. Às vezes, contrariando a regra, os vilões matam seus familiares se representarem uma ameaça a sua permanência no poder.

- Preço a pagar. Por último, mas não menos importante, mesmo que o vilão ou anti-herói – termo mais comum hoje em dia – não seja preso ou morra, ele sempre terá um preço a pagar.

Vamos a dois exemplos de punições bem diferentes.

- *Os Bons Companheiros*. Desde criança, Henri Hill, interpretado por Ray Lyotta, sonha com a vida de gângster. Após muitos delitos e ascensão financeira no mundo do crime, para não acabar morto, ele acaba aceitando viver como um homem comum com uma vida ordinária, algo que sempre abominou.

- *Profissão de Risco*. O jovem George Jung, interpretado por Johnny Deep, se envolve com tráfico de drogas internacional e se torna o principal contrabandista de cocaína da Colômbia para os Estados Unidos. Durante seu último contrabando, ele é traído pelos companheiros, preso, e a filha, que lhe era o mais importante, abandona-o para sempre.

Assim como em *Profissão de Risco*, é muito comum que este gênero seja baseado em fatos reais. E mesmo os filmes que são fictícios, os protagonistas seguem a risca a origem de vida destas pessoas: nascem em um local humilde, crescem sem perspectivas, em geral com algum traço de sedução e carisma, e tornam-se figuras que todos respeitam e temem pelo poder conquistado por meio da violência que impõem para chegar aonde desejam.

Filmes que recomendamos para que você compreenda melhor o gênero: *O Poderoso Chefão; Cães de Aluguel; Gângster Americano; Cassino; Scarface; Dia de Treinamento; Jackie Brown; Profissão de Risco; Os Infiltrados; Pulp Fiction*.

CINEMA • Gêneros

Escrito por Mario Puzo e Francis Ford Coppola, o magnífico roteiro de *O Poderoso Chefão* é um dos mais aclamados trabalhos cinematográficos do gênero. A seguir colocamos um pequeno trecho para você sentir a força do roteiro:

Bonasera confidencia ao mafioso, Don Corleone, que a filha foi espancada por dois homens que tentaram violentá-la e diz que precisa de um favor.

INT. ESCRITÓRIO DE DON CORLEONE - DIA
Bonasera está sentado em frente a Don Corleone. Na sala, também estão os mafiosos Hagen e Sonny.

DON CORLEONE
E o que seria isto, Bonasera?

Bonasera se levanta e sussurra no ouvido de Don.

DON CORLEONE
Não. Você está pedindo muito.

BONASERA
Eu peço por justiça.

DON CORLEONE
A Corte lhe deu justiça.

BONASERA
Eu peço olho por olho.

DON CORLEONE
Mas sua filha está viva.

BONASERA
Então faça-os sofrer como ela sofreu. Quanto eu devo pagar a você?

Hagen e Sonny reagem ao comportamento de Bonasera.

Gêneros • **CINEMA**

DON CORLEONE

Você nunca pensou em ser protegido por amigos de verdade. Você acredita que é o suficiente ser Americano. Está certo, a polícia o protege, existem tribunais de justiça, então você não precisa de amigos como eu. Mas agora você vem até mim e diz: Don Corleone, você deve me trazer justiça. E você não pede em respeito ou amizade. E você não pensa em me chamar de Padrinho; em vez disso, você vem até a minha casa, no dia do casamento da minha filha e me pede para cometer um assassinato... por dinheiro.

BONASERA

A América tem sido boa para mim.

DON CORLEONE

Então fique com a justiça do juiz. Mas, se você vem até mim com sua amizade, sua lealdade, então seu inimigos se tornam meus inimigos, e, acredite em mim, eles irão temê-lo.

Devagar Bonasera abaixa a cabeça.

DON CORLEONE

Algum dia, talvez esse dia nunca chegue, eu vou ligar para você fazer um serviço em troca.

Este trecho da cena está no início do filme. Nela, o roteirista deixou claro para o público, ou mesmo para quem leu o roteiro, que tipo de pessoa Don Corleone é, o que faz e como se impõe sobre a sociedade. Não fica nenhuma dúvida ou espaço para o público entender do que se trata o filme.

Em seguida, a família é apresentada durante a festa de casamento da filha do mafioso e vemos que, embora todos, com exceção das mulheres, participem dos negócios ilegais, como tráfico de bebidas e extorsão, eles são pessoas comuns, que dão risada, amam seus familiares, sofrem, se preocupam com o futuro, mas, acima de tudo, respeitam os códigos de conduta da máfia e não há quem possa contradizer Don Corleone, o poderoso chefão.

CINEMA • Gêneros

Desta maneira, quando percebemos, estamos torcendo pelos Corleones vencerem os inimigos de outras famílias que querem o poder e as forças policiais do país que desejam fazer justiça.

Guerra

Com poucas exceções, filmes de guerra podem ser resumidos como o bem *versus* o mal.

O soldado, a tropa, o exército, a nação inimiga são caracterizados de tal forma a não deixar dúvidas de que, mesmo se o herói matar sem piedade e até mesmo com crueldade, sua moral, honra e ações estão corretas. Torceremos por ele até o fim, não importa o quão grande seja o rastro de sangue.

O protagonista de um filme desse gênero deve ter a personalidade, o histórico e os anseios muito bem estabelecidos; já o antagonista, no caso de um filme "preto no branco", não requererá este trabalho. Se o herói não for um lobo solitário a lutar contra um exército inimigo, os coadjuvantes também devem ser muito bem trabalhados. E, claro, os coadjuvantes do vilão também não precisarão ter suas características individuais apresentadas no filme. Esta é uma ferramenta muito utilizada por roteiristas e escritores de romance, para não deixar espaço para o público ou o leitor criar empatia pelo lado "errado" da história. Se isso acontecer, adeus herói perfeito. Caso seu roteiro de guerra seja do gênero "bem puro" contra "mal absoluto" é melhor prestar atenção nesta técnica.

Nos filmes de guerra, é raro o herói morrer no fim. Caso seja absolutamente necessário assassiná-lo depois de torcermos durante noventa minutos por ele, faça com que a sua morte seja heroica e, sobretudo, a única maneira de o objetivo pelo qual ele tanto lutou ser alcançado. No filme *O Resgate do Soldado Ryan*, o herói do filme, como vocês devem se lembrar – se não for o caso, corra para arranjar uma cópia e assistir –, morre no final.

O capitão John Miller, interpretado por Tom Hanks, recebe a missão de resgatar o soldado James Francis Ryan em algum lugar da França. Junto de seu pelotão, o capitão, depois de muitos obstáculos e de perder

Gêneros • **CINEMA**

diversos homens, encontra o soldado. No fim do filme, John é mortalmente ferido. O sacrifício foi em prol do cumprimento de sua missão, salvar Ryan, mas também de um segundo objetivo maior: a defesa de um ponto estratégico. Para aumentar nossa estima e empatia pelo personagem, o capitão profere suas últimas palavras que ecoarão por toda a vida de Ryan, referindo-se a todos os bravos soldados do pelotão que morreram para resgatá-lo: "Faça por merecer".

O gênero tem grande apelo porque lida com as questões básicas de todos os conflitos: a vida e a morte na batalha. Estamos em guerra contínua há milhares e milhares de anos. Tivemos duas Guerras Mundiais, mas sempre existiram nações, milícias, partidos a lutar por território, religião e recursos naturais. Então é natural que este tema exerça algum tipo de atração em todos nós, mesmo que sejamos contra qualquer tipo de guerra.

Como já dissemos, a grande maioria dos filmes desse gênero são "preto no branco", porém, alguns roteiros não definem tão bem os lados da guerra. Claro que sempre veremos mais o ponto de vista de um lado, porém, é possível, e muito bem-vindo, refletirmos sobre ambas as visões.

Há casos em que o roteiro entra tanto no personagem, que a guerra se torna mero pano de fundo para a exploração e a compreensão das marcas deixadas em um homem ou em uma mulher durante um conflito. Este é o caso do filme *Nascido para Matar*, baseado no romance de Gustav Hasford intitulado *The Short Timers*, cujo roteiro foi indicado ao Oscar na categoria Melhor Roteiro Adaptado.

A primeira metade do filme mostra a destruição da alma de um recruta, enviado a um campo de treinamento, e a construção de um soldado, ou, em outras palavras, de uma máquina de matar.

Jovens são encaminhados à Academia dos Fuzileiros Navais para serem preparados e enviados à Guerra do Vietnã. Sob o comando do agressivo Sargento Hartmann, todos os dias eles são levados ao limite físico e psicológico. Um dos recrutas, batizado por Hartmann de recruta Pyle, não se ajusta à rotina imposta por causa de seu porte físico e falta de habilidade motora. A cada falha do recruta, o sargento pune o grupo inteiro, o que acaba isolando o recruta e levando-o a um comportamento

CINEMA • Gêneros

psicótico. No fim desta primeira metade, em uma das cenas mais memoráveis do cinema, ele mata Hartmann e, em seguida, se suicida.

Na segunda metade do filme, os recém-formados, agora prontos para a batalha e para matar sem piedade, são enviados ao campo de batalha. O soldado Joker, que tenta retratar em um jornal norte-americano a realidade dos combatentes, se junta a um pelotão na cidade de Hue. Os soldados relatam suas opiniões sobre a atuação dos Estados Unidos na guerra, bem como, sobre o relacionamento dos militares com os cidadãos do país invadido. O filme tenta desmistificar e atacar a "mentalidade" dos filmes do fim de 1970 e começo de 1980 sobre a Guerra do Vietnã.

Uma das grandes virtudes do filme é retratar as duas partes de maneiras diferentes, e, assim, além de distinguir um treinamento e um combate real, dá ao público a nítida impressão de ter visto duas obras em vez de uma.

O gênero que, em geral, funde-se melhor com o de Guerra é o Drama, porque aproxima do público o protagonista, os coadjuvantes e, até mesmo, os antagonistas, criando assim uma empatia com a situação trágica dos personagens. Não há dúvida de que nos importaremos e nos contorceremos mais na poltrona do cinema ao assistir a um filme que retrata uma criança em um violento campo de prisioneiros a um soldado sem emoções que mata sem distinção. Faz parte da natureza do ser humano se compadecer pelo mais fraco. Alguns dos maiores filmes que fizeram uso desse recurso são: *Além da Linha Vermelha; Cartas de Iwo Jima; Falcão Negro em Perigo; O Império do Sol; A Lista de Schindler; Guerra ao Terror; O Franco Atirador; Glória Feita de Sangue.* E não deixe de assistir aos filmes mais citados ao decorrer deste texto: *O Resgate do Soldado Ryan* e *Nascido para Matar.*

Horror e terror

Muitos classificam o gênero como um só, porém, existem diferenças. Eles foram colocados juntos porque, na maior parte dos filmes, estão unidos. Ou seja, em filmes de horror temos elementos de terror e vice-versa. Uma das definições mais aceitas para diferenciar um gênero do outro diz

Gêneros • **CINEMA**

que a diferença entre o terror e o horror é que, no primeiro, sentimos o cheiro da morte, no segundo, nos deparamos com o cadáver dilacerado.

As histórias criadas para assustar as pessoas são muito mais antigas do que a maioria das pessoas imagina. No século 7 a.C., o poema *Epopeia de Gilgamesh*, escrito em uma tábua de argila, conta em uma de suas passagens que um pastor de ovelhas ao se apaixonar por uma divindade foi transformado em um lobo sanguinário.

Até mesmo a casa mal-assombrada, cenário de grande parte grande ou talvez da maioria dos filmes dos gêneros, teve sua primeira versão contada por Caio Plínio Segundo, que nasceu em 61 d.C. Ele escreveu sobre uma casa em Atenas onde, todas as noites, barulhos de correntes assombravam os moradores. Em determinada noite, Plínio encontrou um espírito, o seguiu e escavou o local indicado pela figura fantasmagórica. Encontrou, então, os restos mortais do espírito, o que fez a assombração nunca mais aparecer.

Essa trama é conhecida? Você só não sabe a resposta se passou a vida inteira afastado dos filmes de terror e horror. E, se fez isso, corra e assista a tudo o que puder. Afinal, esses gêneros serviram como porta de entrada para o cinema a muitos roteiristas

E já que estamos falando das primeiras histórias e este livro é sobre roteiro para cinema, não podemos deixar de citar o primeiro filme feito para propagar o medo ao público. Em 1896, Georges Mélies realizou o curta-metragem de três minutos intitulado *A Mansão do Diabo*. Com uma pesquisa rápida na internet, é fácil encontrar a obra *on-line*.

Os dois gêneros são ambientados nos mais diferentes tempos e locais. Porém, os roteiros que mais funcionam trazem histórias nos dias atuais e em locais comuns a todos. Quando isso acontece, há aumento na tensão, pois nos colocamos com mais facilidade na situação. Os clássicos que fizeram sucesso utilizando estes recursos são muitos: *O Exorcista*; *A Profecia*; *Sexto Sentido*; *Cemitério Maldito*; *Psicose* e *Constantine*.

Claro que um roteiro pode ser escrito no futuro e ainda assim deixar a plateia de cabelo em pé. É o caso do filme *Alien: O Oitavo Passageiro*.

CINEMA • Gêneros

Você pode se perguntar: mas o filme *Alien* não é ficção científica? A resposta é: também. Se nos aprofundarmos, veremos que no cerne o filme pode ser interpretado como um dos mais antigos temas usados para escrever histórias de terror, descrito alguns parágrafos antes: a casa mal-assombrada. A diferença é que em vez de uma casa, temos uma nave viajando pelo espaço. E em vez de um espírito maligno à espreita, temos um alienígena pronto para matar todos na nave. Ademais, toda a trama, o ritmo e as técnicas usadas no roteiro são as colocadas em prática em filmes de horror e terror. Ele é uma mistura de gêneros, algo muito comum e que, quando realizado com conhecimento, funciona muito bem.

Os protagonistas, em sua maioria, são pessoas que encontramos todos os dias. Um pai de família com um emprego comum, uma adolescente ou um grupo delas indo viajar nas férias, uma mãe divorciada que recebe de herança uma casa antiga e vai morar lá junto dos filhos para não pagar mais aluguel. O protagonista está sempre envolvido com sua própria vida, as pequenas vitórias e os problemas normais do dia a dia que todos enfrentamos, até ser colocado em situações violentas em que é matar ou morrer.

O grande apelo desta condição do protagonista é a identificação do público com ele. Sentimos que se algo tão horrível pode acontecer com alguém tão familiar, também pode acontecer, sem dúvida, conosco. Veja por este ângulo: quais as chances de encontrarmos e nos envolvermos com espiões internacionais? Nula. E as chances de encontrar um psicopata assassino? Todos, em qualquer cultura do mundo, consideram que é bem maior. Afinal, nunca sabemos o que passa na cabeça da pessoa que mora ao lado. Além disso, psicopatas são noticiados com frequência nos jornais, revistas e televisão. Eles são vizinhos de alguém, estudaram na escola com milhares de pessoas que se lembram deles, têm empregos, amigos e família. Assim, não tem como, durante um filme, o espectador não se colocar em tal situação.

Para sobreviver à violenta e à mortal realidade que confronta todas as regras nas quais o protagonista e os coadjuvantes vivem, os personagens devem quebrar as próprias amarras sociais, deixar de lado, ao menos por um espaço de tempo, aquilo que acreditam e jogar conforme as regras do antagonista.

Gêneros • **CINEMA**

E o antagonista pode ser um espírito maligno, monstro, demônio, porém, quando é um ser humano, deve ser mentalmente instável ou estável em sua própria loucura. Essa característica o move mais do que qualquer motivação lógica para seus crimes, tornando suas ações imprevisíveis, o que aumenta o suspense.

Como já dissemos em capítulos anteriores, vilões também são a força motora do filme. Nos gêneros terror e horror é regra para todos os roteiros. Vamos a dois exemplos:

- *Sexta-feira 13*. Quem é o vilão? Jason. Essa é fácil. Agora, quem lembra o nome de algum personagem que ele matou? Só os fanáticos pela franquia de sucesso.

- *O Silêncio dos Inocentes*. Quem é o canibal mais adorado do cinema? Hannibal Lecter. Quem ganhou várias sequências e uma série para televisão? Os agentes que o combatiam? Não mesmo. O vilão. Por mais que ninguém anseie encontrá-lo na vida real, somos fascinados por ele.

Isso vale para outros antagonistas desse tipo de roteiro. Entre eles, Mike Myers, Chuck, Freddy Krueger, Candyman, Pinhead, apenas para citar alguns.

Mesmo em filmes de zumbi em que não há apenas um antagonista, mas uma porção deles, não fica dúvida de quem é a grande atração. Afinal, quem não adora uma boa perseguição que envolva os devoradores de cérebro e carne humana? E não há terror maior do que enfrentar algo que não pensa, não sente dor e, com o qual, não há a menor chance de barganha ou diálogo.

Para conhecer e entender melhor os gêneros terror e horror, além dos filmes citados acima, é obrigatório assistir a: *Psicose; A Noite dos Mortos Vivos; O Bebê de Rosemary; Carrie; Tubarão; Halloween; Rejeitados pelo Diabo.*

CINEMA • Gêneros

Western

Este gênero é fundamentado em um passado histórico que ocorreu apenas nos Estados Unidos. Visto pelos americanos como uma época em que muitas aventuras aconteceram no desbravamento do país: um tempo sem lei, selvagem e cheio de oportunidades.

Assim como nos filmes de guerra, durante muito tempo, os *Westerns* contaram histórias do bem contra o mal. Entretanto, nas últimas décadas, essas histórias não têm sido mais tão "preto e branco", mas cinza. O protagonista já não representa mais o bem puro, nem o antagonista o mal em sua essência – o que para o público atual faz mais sentido. Como nos filmes de gângster, os protagonistas se tornaram anti-heróis e, com o poder que um roteirista tem de manipular o público, ainda assim torcemos por eles. Vejamos o caso do filme *Os Imperdoáveis*.

Em 1992, o gênero não estava em alta. Contudo, Clint Eastwood – diretor, produtor e ator –, atuou no fantástico roteiro de David Webb Peoples e trouxe o gênero de volta às grandes telas.

O protagonista William Munny, interpretado por Eastwood, é um fazendeiro cheio de problemas financeiros, viúvo e com duas crianças para sustentar. Um jovem autodenominado Schofield Kid oferece a Munny uma recompensa se fizer justiça a um homem que desfigurou uma prostituta. Ele afirma que Munny é conhecido por ser frio como a neve, não ter fraqueza ou medo. Munny argumenta que não é mais assim e não pode ajudá-lo.

Kid insiste. Conta em detalhes o que aconteceu com a mulher e informa o alto valor da recompensa. Mesmo tendo deixado a vida de pistoleiro, Munny acaba aceitando o trabalho e recruta o velho parceiro, Ned Logan, interpretado por Morgan Freeman. Junto de Kid, Munny e Ned vão atrás dos homens com a promessa de dividirem a recompensa.

A história entra no ritmo do gênero, eles enfrentam um xerife corrupto e seus comparsas. Munny volta a ser o homem destemido do passado e, após o assassinato e a exposição do corpo de Ned dentro de um caixão, ele decide se vingar de tudo e todos.

Gêneros • **CINEMA**

Westerns tradicionais mostrariam um homem íntegro resgatando uma mulher perfeita – de preferência a professora da escola que luta pelos alunos com a própria vida. Em *Imperdoáveis*, mostrando como o gênero mudou, o homem antes íntegro agora é um ex-pistoleiro que aceita a missão por dinheiro e parte para resgatar a honra de uma prostituta que não está em perigo, apenas deseja vingança.

Essa trama, baseada em um roteiro excelente, bem estruturado, cheio de personagens com conflitos, e levada para as telas com maestria, fizeram do filme um ponto de virada para o gênero na década de 1990. Não apenas do gênero *Western*, mas também do gênero Ação e Aventura.

Um dos motivos pelo qual, mesmo não fazendo parte da cultura mundial o *Western* é sucesso em todo lugar, é a abordagem de temas universais, tais como: a conquista da terra, a busca pelo ouro, o bem *versus* o mal. Por mais que o gênero tenha sido explorado e pareça não haver mais histórias, novos roteiros continuam sendo produzidos, usando um dos artifícios mais importantes para quem deseja escrever um roteiro de sucesso: a abordagem de situações e problemas atuais.

A pergunta "por que eu escreveria um *Western* se as chances de ele ser produzido no Brasil são muito pequenas" está coberta de razão. Se já é difícil escrever um roteiro ambientado no Brasil e vê-lo chegar às telas, imagine se for um *Western*. Mas resposta é simples e deve ser levada à risca na busca contínua de tornar-se um escritor melhor: a questão não é se você vai escrever um roteiro *Western*, mas estudar e compreender as características que irão ajudá-lo, e muito, a desenvolver suas habilidades escritas.

Imagine que você quer escrever um filme sobre um delegado de São Paulo que teve a família assassinada por traficantes de drogas. Em qual gênero você pode encontrar centenas de filmes com esta premissa que evoluíram ao longo de décadas? Em *Western*.

Claro que o seu delegado não montará num cavalo, nem enfrentará índios ou usará chapéu de *cowboy*. Mas todos os elementos de criação de personagens, ritmo de filme, estrutura podem e devem ser levados em conta.

CINEMA • Gêneros

Um bom roteiro de filme que não ocorre no tempo dos *Westerns* para analisar é *Onde os Fracos Não Têm Vez*. Produzido em 2007, o roteiro de Ethan e Joel Cohen, adaptado do romance de Cormac McCarthy, tem a estrutura e o comportamento dos personagens baseados em *Western*. Basicamente, encontramos nele o homem comum que encarna a figura do fugitivo. O pistoleiro, ou mercenário nos dias atuais, contratado para recuperar o dinheiro e não deixar testemunhas. E o xerife que, prestes a se aposentar, parte em busca dos dois carregando o peso da melancolia.

Nosso conselho é: estude todos os gêneros, mesmo aqueles que você não tem a menor intenção de escrever ou sequer gosta de assistir. Não tenha dúvida de que você irá aproveitar muitos elementos deles.

A seguir está a lista com dez filmes para assistir: *Butch Cassidy e Sundance Kid; Os Sete Magníficos; Três Homens em Conflito; Tombstone; O Assassinato de Jesse James pelo Covarde Robert Ford; Rio Bravo; Meu Ódio Será Sua Herança; Rio Vermelho; Bravura Indômita; Rastros de Ódio.*

Ficção científica

HAL
Olhe Dave, eu posso ver que você está realmente chateado. Eu honestamente penso que você deveria sentar com calma, tomar uma pílula para o estresse e pensar no que aconteceu.

Esta é a fala de Hal, o computador da Discovery, assim que Dave retorna para a nave. Nota: HAL acaba de assassinar o resto da tripulação.

No filme, *2001 – Uma Odisseia no Espaço*, roteirizado por Arthur C. Clarke e Stanley Kubric, baseado no livro de Clarke, um dos maiores escritores de ficção científica de todos os tempos, o computador batizado de HAL 9.000 enlouquece e passa a eliminar sistematicamente a todos.

Considerado um dos melhores trabalhos da sétima arte, o roteiro aborda elementos da evolução humana – na parte intitulada a "Aurora do homem" –, depois trata do uso da tecnologia, da inteligência artificial

Gêneros • **CINEMA**

e da vida extraterrestre. Se você não assistiu a este filme, corra. Largue tudo o que estiver fazendo.

A maioria dos roteiros de ficção científica é estabelecida em algum lugar do futuro. Para que o público embarque nessa viagem, o planejamento das leis que regem este tempo e espaço e todo o seu pano de fundo exigem muito trabalho do roteirista, tanto de imaginação, quanto de pesquisa e coerência.

Depois de estabelecidas as regras de seu mundo, não as quebrem. Não invente uma força gravitacional dez vezes mais poderosa do que a da Terra e a ignore para salvar seu protagonista. Baldes de pipoca voarão em direção à tela. Não trapaceie em seu próprio mundo. Seja coerente.

Por mais que a história se passe em um lugar diferente da nossa realidade, ou mesmo, das novas descobertas de cientistas ou das agências espaciais, ele deve ser crível. O público precisa acreditar nele. Se não acontecer, por melhor que seja sua trama – personagens, motivações –, o roteiro estará fadado ao fracasso. O encanto estará perdido.

Além de uma trama forte logo de início, o roteiro deve apresentar as leis que regem onde a história está situada e os pontos de vista sociais e físicos para que o público não fique confuso e não se perca na trama. Isto não deve ser feito de uma vez. Não é uma apresentação em que você liga um projetor e revela os itens um por um. Introduza estas informações na narrativa de maneira que fiquem naturais conforme o filme se desenrola.

Os filmes de ficção científica, como os de fantasia, dos quais falaremos no próximo tópico, utilizam toneladas de efeitos visuais. Isto é bom? É ótimo. Porém, jamais se esqueça de que mesmo tendo todos os recursos possíveis de pós-produção à disposição, sempre será necessário um bom roteiro para dar suporte a tudo. No fim, o que emociona o público é a história, a empatia com o personagem e não a quantidade de efeitos visuais incríveis.

Pensando desta maneira, não é preciso escrever – sobretudo se você jamais teve um filme produzido –, um épico de ficção que custará milhões e milhões de reais. Foque sua atenção e criatividade em um roteiro simples. Simples de execução e não de trama. Invista em personagens,

CINEMA • Gêneros

contudo, lembre-se de que menos atores/personagens, mais dinheiro poupado. Coloque seu tempo em diálogos memoráveis e histórias que as pessoas se conectem. Suas chances de ver seu roteiro tornar-se realidade aumentarão muito. Por exemplo, o filme *O Cubo*, mistura de ficção científica e horror, tem pouquíssimos cenários. Durante, pelo menos, noventa por cento do filme, ele tem apenas um cenário e nada mais.

Escrito por André Bijelic, Graeme Manson e Vincenzo Natali, o filme canadense de 1997 foi produzido com um orçamento baixo, alcançou um bom sucesso comercial e foi elevado ao *status* de *cult*. No filme, um policial, uma matemática, uma médica, um ladrão, um arquiteto e um autista ficam presos em um cubo sem qualquer informação sobre o local. Cada vez que passam de um cubo para outro, na tentativa de achar uma saída ou explicação, acionam ou não armadilhas mortais. Além destes elementos de suspense, a trama aumenta a tensão entre os personagens que a cada morte desconfiam cada vez mais uns dos outros.

As tramas mais comuns em Ficção Científica são: futuro distante ou próximo; encontros com alienígenas; viagens no tempo; mundos passados ou alternativos.

Além de *2001 – Uma Odisseia no Espaço*, aqui está uma lista com dez filmes imperdíveis: *Matrix; Star Wars; O Exterminador do Futuro; De Volta para o Futuro; Alien: O Oitavo Passageiro; Contato; Blade Runner; O Dia em que a Terra Parou; O Segredo do Abismo; Wall-E.*

Fantasia

Por terem semelhanças, muitos escritores e estudiosos do cinema colocam ficção científica e fantasia no mesmo gênero, contudo, eles diferem no seguinte aspecto: a fantasia necessita que o público entre na história acreditando em magia, acontecimentos supernaturais, ou seja, em tudo o que não podemos explicar. Na ficção científica, o público espera encontrar explicações baseadas em nosso atual conhecimento. Isso os levará a acreditar nas possibilidades que o futuro ou mesmo o presente tem para ser de determinada maneira, fora de nossos parâmetros usuais.

Gêneros • **CINEMA**

O filme *Parque dos Dinossauros* é um bom exemplo. Se nos dissessem que existe uma ilha no oceano onde ainda existem dezenas de dinossauros – e dos mais fantásticos, imensos e sanguinários – que ficaram isolados e, por isso, não morreram, seria muito difícil aceitarmos a história. Porém, ao mostrar o uso do DNA encontrado em âmbar e manipulado geneticamente por cientistas para reviver estas criaturas – em 1993 quando o DNA e a manipulação genética já eram fatos corriqueiros –, embarcamos na trama sem pensar duas vezes.

Isso não significa que a fantasia não tenha de ser baseada na lógica e não precise obedecer a regras estabelecidas. Vamos escrever de novo para não ter como você errar:

"Se as leis que ditam o mundo onde você colocou sua trama e personagens forem quebradas, o seu roteiro fracassará. Seja honesto com quem pagou para assistir ao filme. Eles esperam isso de você."

Pense em *Senhor dos Anéis*. Imagine que, depois de assistir aos filmes *A Sociedade do Anel, As Duas Torres* e metade do *Retorno do Rei* – quase seis horas de filme e três bilhetes de cinema –, Frodo, o *hobbit* incumbido de levar o anel até Mordor para ser destruído, simplesmente o colocasse no dedo, e, em vez de desaparecer, pudesse voar sem explicação nenhuma. Qual seria a reação da maioria das pessoas? Pipocas voando em direção à tela. A magia estaria quebrada a ponto de dificultar o sinal verde dos estúdios para realizar a trilogia *O Hobbit*. Nunca brinque com fãs. Eles – nós – somos terríveis quando ousam quebrar aquilo que tanto prezamos.

Todos vivemos no mundo real. Por isso, um dos melhores argumentos para escrever um bom roteiro é sempre ter em mente que a realidade é o ponto-chave. Isso pode soar um pouco estranho, afinal, neste gênero encontramos dragões, gigantes, ciclopes, grifos e toda gama de criaturas fantásticas que a criatividade humana criou. Contudo, na vida real, não nos deparamos com estes seres, então, a técnica é levar as experiências, os conflitos, as superações do nosso cotidiano para o mundo fantástico. Encontrar uma maneira de transpor a realidade para a fantasia em seu roteiro.

CINEMA • Gêneros

E, na fantasia, você pode fazer tudo. Não se limite a padrões estabelecidos por roteiros, romances e peças de teatro anteriores. Seja original. A sua fada não é bonitinha, não solta pozinho mágico e nem é amiga da natureza? Ótimo. Faça-a como você quiser. Se você decidir que ela tem duas cabeças, melhor ainda. O seu dragão em vez de voar e soltar fogo, grita como um *banshee*? Ótimo. É o seu dragão. Claro que sempre existirão pessoas para dizer: "Ei! Dragões não fazem isso". E você deve responder: "É o meu dragão e ele faz isso, sim". Além do mais, você pode chamá-lo também como quiser. Até um estúdio comprar o roteiro, é tudo seu e de mais ninguém. Divirta-se.

Muitas pessoas estão escrevendo, neste momento, centenas de roteiros baseados em criaturas e regras do mundo do Tolkien. Nós já temos o Tolkien. Tudo que ele criou é sensacional, somos fãs dele, mas se você quer se sobressair, tente algo diferente. Crie o seu mundo com as suas regras. Não se prenda a nada ou a ninguém por mais que você adore tudo que ele ou outros escritores já fizeram.

Como dissemos algumas linhas antes, você pode chamar o seu dragão como quiser. Isto vale para todos os personagens e seres que inventar. No capítulo sobre personagens, falamos um pouco disso, porém como estamos abordando especificamente fantasia, vale ressaltar: não coloque nomes impronunciáveis. Não use doze vogais seguidas. Evite os clichês do gênero. Pesquise. Ache uma razão para o nome e o faça notável.

Existem muitas trilogias ou mesmo filmes com mais de três sequências de sucesso. Mas, para cada uma, existe uma razão e um potencial econômico muito forte. Vamos a três delas que se encaixam no gênero fantasia: *O Senhor dos Anéis*; *Harry Potter*; *Guerra nas Estrelas*. Os dois primeiros são adaptações de romances que já tinham provado seu potencial de mercado antes de irem para o cinema. E, mesmo assim, no caso de *O Senhor dos Anéis*, o diretor Peter Jackson passou anos batendo de porta em porta até alguém resolver arriscar. A *Trilogia do Anel* foi filmada de uma só vez, ou seja, rodaram cenas de todos os filmes ao mesmo tempo e sem sequência, já *Harry Potter* foi feito, no início, filme a filme. Mesmo que os livros continuassem um sucesso, se o primeiro filme não desse bilheteria, dificilmente as continuações teriam sido produzidas. *Guerra nas Estrelas: Uma Nova Esperança* foi um *blockbuster*. Sucesso

Gêneros • **CINEMA**

sem precedentes, garantiu o retorno do investimento de mais dois filmes e, anos depois, mais três.

Na maioria das vezes, quando um amador começa a escrever uma fantasia épica, muitos querem iniciar as suas carreiras roteirizando uma trilogia. Não faça isso. Trilogias são bacanas? São. Você deve fazer? Não. De jeito nenhum. O motivo?

Se já é difícil vender um roteiro, ainda mais o primeiro, imagine vender três roteiros. Lembre-se de que tudo aquilo que colocar no papel terá de ser produzido, em outras palavras, custará dinheiro. Alguém terá que se arriscar naquilo que você escreveu. Uma trilogia custará muito mais do que um roteiro fechado. Os custos não ficam apenas na produção. Todo filme gasta também com distribuição e marketing. Estes gastos não são pequenos, multiplicados por três são capazes de brecar qualquer projeto sem garantia de sucesso.

Imagine que você está em uma reunião com um produtor executivo e começa a contar sobre seu filme. Ele até parece interessado, mas assim que você disser que são três, ele sorrirá amarelo, será educado e, assim que você sair da sala, nunca mais receberá uma ligação dele. Se mandar a trilogia para algum estúdio ou agente em vez de ter uma reunião, a primeira página nem será aberta.

Se quiser uma trilogia, faça o seguinte, escreva um excelente roteiro fechado. Algo que faça o público se apaixonar e dê muito lucro. Se pedirem por uma continuação, faça o mesmo que da primeira vez, escreva o melhor roteiro possível e espere a mesma resposta positiva. Então será chamado para escrever mais uma continuação. Pronto você terá uma trilogia.

Você é um escritor, é sua obrigação ser criativo e técnico o suficiente para conseguir escrever uma continuação a partir de um roteiro fechado e fazê-la parecer que sempre foi pensado desta maneira. Isso faz parte da magia do cinema.

A trama deste gênero, sobretudo na denominada Fantasia Épica, invariavelmente retrata uma busca. Por exemplo, resgatar uma princesa de um feiticeiro, recuperar um tesouro roubado pelo dragão, encontrar a

CINEMA • Gêneros

cura para uma maldição ou praga que assolou uma vila, achar um reino para governar etc.

Depois de estabelecida a razão para esta busca, o protagonista embarca em uma longa jornada em que deve enfrentar os mais diversos e fantásticos obstáculos. É neste ponto onde sua imaginação deve ganhar asas. Quanto maiores os problemas, maior o valor da conquista. Ninguém torce por alguém que chegou lá de maneira fácil.

Voltemos à *Trilogia do Anel*. Imagine se a Irmandade do Anel não tivesse enfrentado nenhum problema para destruir o anel. Que graça teria? Ou se os exércitos de Mordor não fossem superiores em número. Ou mesmo se o anel que Frodo carregava não fosse uma força inimiga que a cada segundo o corrompia mais e mais. Neste caso, duas forças de tensão estavam em ação. Primeiro os inimigos que Frodo e Sam tinham de superar e a ansiedade do público para saber até quando Frodo suportaria o poder do anel agindo sobre seu corpo e mente.

Na maioria dos filmes, o herói encontra o que procura ou aprende aquilo que precisa durante a jornada. No segundo caso, esse aprendizado deve ter um valor maior do que o objetivo. É um autoconhecimento que traz uma grande mudança nos valores e no modo de encarar a vida.

Muitos são os roteiros que levam o protagonista a conseguir os dois. Quando ele atinge este aprendizado e sofre a mudança é que terá as ferramentas necessárias para conseguir alcançar o que deseja.

A Fantasia é um gênero que abrange os outros com facilidade. *Piratas do Caribe* é fantasia com aventura e ação. *Guerra nas Estrelas* é fantasia com ficção científica. *O Pacto* é fantasia com terror.

Selecionamos, entre essa mistura de gêneros com fantasia, dez filmes para você assistir e, se possível, ler o roteiro – e isso vale para os três filmes citados: *O Mágico de Oz; O Senhor dos Anéis; O Labirinto do Fauno; Feitiço do Tempo; A Espera de um Milagre; O Feitiço de Águila; Campo dos Sonhos; Quero ser Grande; Alice no País das Maravilhas; O Tigre e o Dragão.*

Gêneros • **CINEMA**

Comédia

Nem todos nascem com o dom de fazer os outros rirem a qualquer momento. A mesma piada contada por aquele amigo que faz todos gargalharem, quando dita por alguém sem naturalidade para o humor, pode perder toda a graça. Os motivos para isso acontecer são muitos: vergonha, falta de foco, esquecer um detalhe, não impor a voz, errar a interpretação ou, mesmo, contar a piada no momento errado.

Isso quer dizer que se você não é aquela pessoa que faz todo mundo rir na escola, na faculdade, no trabalho, em festas, funerais etc. não pode escrever comédias?

Não, não quer dizer de jeito nenhum. Existe uma diferença muito grande entre dizer ou fazer coisas engraçadas e ter a capacidade de escrevê-las.

Colocar no papel o roteiro de uma comédia pode parecer divertido. Em muitos momentos, é. Contudo, roteiristas que se dispõem a fazer isso podem esperar muito trabalho, afinal, não é fácil fazer alguém rir, ainda mais por 90 minutos.

Não pode haver uma falha sequer nos tempos do roteiro. A fluência entre situações que levarão o público a rir deve ter o ritmo perfeito. Caso contrário, a força da situação estará perdida.

Escrever uma comédia não se trata apenas de colocar diálogos engraçados, personagens cômicos cheios de manias e trejeitos em situações desconcertantes, inesperadas ou irônicas. Antes disso, o todo do filme, a premissa deve contar uma situação engraçada por si só.

O filme *O Mentiroso*, escrito por Stephen Mazur e Paul Guay, estrelado por Jim Carrey, tem uma ótima premissa: um advogado que não pode mentir por vinte e quatro horas. Ao ouvir isto, de imediato sabemos que muitas situações reais do dia a dia desses profissionais poderão ser exploradas de maneira fantástica.

Como todos os outros gêneros, em comédia é necessário o público se importar com o objetivo do protagonista. Mesmo em meio a diálogos

CINEMA • Gêneros

e ações que matem o público de rir, aquilo que nosso herói mais deseja sempre deve estar evidente. A princípio, ele poderá ter dois objetivos: um que ele julga mais importante e o outro que ele descobrirá ser o que realmente importa.

No filme *Os Pinguins do Papai*, também com Jim Carrey, o protagonista quer vender um imóvel para tornar-se sócio na empresa, contudo, no decorrer do filme, ele percebe que seu maior objetivo, aquilo que o fará encontrar a verdadeira felicidade é reconquistar o amor dos filhos e da esposa. Por mais que o roteirista tenha se esforçado para nos fazer rir, este elemento sempre esteve lá. O humor e a tensão andam juntos.

Os diálogos devem se encaixar com perfeição na personalidade de cada personagem. O Doutor Sheldon Cooper da série *The Big Bang Theory* tem a sua construção baseada em um estereótipo de cientista *nerd*, sem qualquer habilidade para o convívio social. O humor dele vem destas características. Ele é cheio de manias, julga-se superior aos demais e não tem a menor preocupação, ou sequer percebe, quando é rude com as pessoas. Nas primeiras temporadas, não era capaz de saber quando alguém usava sarcasmo. Aproveitando isso, após essa piada se esgotar, os roteiristas inverteram o jogo e passaram a fazê-lo usar sarcasmo sem ter certeza de que o uso estava correto.

Falando em sarcasmo, esta é uma das ferramentas essenciais do gênero. É usada tanto nos diálogos, quanto nas situações e, quando misturadas, ampliam o poder da piada.

Grande parte das comédias atuais é baseada nessa ferramenta. Muitas falham por não equilibrar com outros pontos. O resultado são personagens que dizem frases irônicas a todo instante e perdem credibilidade, afinal ninguém age desta maneira. Assim, deixamos de acreditar e nos conectar com eles porque o roteiro fica parecendo um jogo de quem retruca melhor, e o interesse do público vai embora.

Outro recurso utilizado é o ambiente. Levar o protagonista a um local onde ele não fique confortável abre uma enorme gama de possibilidades. Veja filmes que utilizaram esta técnica:

Gêneros • **CINEMA**

- Um detetive durão de uma metrópole se disfarça de professor em uma escola primária do interior;

- Um grupo de atletas de uma ilha tropical se inscreve para participar de uma corrida de trenós no gelo;

- Uma cantora de boate, disfarçada de freira, busca refúgio em um convento;

- Um monarca africano acostumado aos luxos da realeza viaja para um bairro humilde de Nova Iorque.

Se você parar por alguns minutos e fizer uma lista, verá que muitas locações são repetidas a exaustão. Uma delas é a cidade de Las Vegas, com uma gama enorme de comédias, tais como: *Férias Frustradas em Las Vegas*, *Última Viagem a Vegas* e *Uma Loucura de Casamento*.

Além de ser mundialmente conhecido e um dos destinos turísticos mais procurados, a cidade tem fama de ser um lugar onde tudo pode acontecer, ou seja, um local perfeito para humor. O seu trabalho como roteirista é procurar em cada locação um novo ângulo, mostrar uma faceta desconhecida ou uma situação inesperada.

No filme *Se Beber não Case*, o trio de amigos acorda em um quarto de luxo. O comum seria eles estarem na companhia de prostitutas, traficantes e todo tipo de depravação e diversão que o local oferece. Em vez disso, eles acordam com um tigre no quarto. Tigre que pertence a Mike Tyson. Ou seja, eles não tiveram apenas uma farra da qual não se lembram e que envolve mulheres, bebidas e jogos de azar. O que fizeram fica claro desde o início, foi muito além disso, graças ao uso de um elemento inesperado no roteiro.

Não se esqueça de que antes de fazer o público rir em uma sala de cinema ou em casa, o seu roteiro deve levar às gargalhadas quem o ler. Então, seja muito claro, reescreva à exaustão, encontre o ritmo e, antes que qualquer profissional da área leia, chame amigos e observe enquanto leem. Se não reagirem como deveriam em qualquer uma das piadas, procure o erro e reescreva.

No gênero comédia, a risada do profissional que for ler o seu trabalho, seja quem for, deve acontecer logo na primeira página. Não perca a oportunidade e o poder de manipulação que as palavras dão a você e escreva algo engraçado o suficiente para fazê-lo seguir com a leitura.

A comédia é um gênero que se encaixa em muitos outros. Quando inserida de maneira apropriada em um roteiro de ação, fantasia ou ficção científica, por exemplo, é capaz de equilibrar o ritmo do filme e é uma poderosa arma para conectar o público com os personagens. Todos nós, em algumas situações de crise – seja no emprego, na faculdade, debaixo de uma tempestade –, fazemos piadas e usamos a ironia para aliviar a tensão. Tome cuidado apenas para não exagerar e perder o foco do filme.

Por essa capacidade de diversificação que o humor tem, as comédias têm muitos subgêneros. Vamos destacar alguns.

Comédia de ação

O roteiro tende a ser muito mais leve que nos filmes tradicionais do gênero ação. Embora os elementos estejam lá e ocorram mortes (que não precisam ser em número reduzido), na maioria, elas não são tão explícitas ou feitas para chocar. O protagonista, ou pelo menos um deles, carrega uma boa dose de ironia tanto interna quanto externa. São inúmeros os roteiros que se tornaram sucesso nas telas: *Um Tira da Pesada; Anjos da Lei; Kick Ass; Homens de Preto; Os Irmãos Cara de Pau; Adrenalina*.

Humor negro

Quer rir, gargalhar, perder o ar e sentir um pouco de remorso porque não deveria estar se divertindo assim? Se a sua resposta for positiva, este é o seu tipo de comédia. O foco dos roteiros são temas recheados de tabus, que focam em situações sérias e não deixam espaço para a moral e os bons costumes. Morte, assassinato, violência doméstica, doenças físicas e mentais, drogas, guerra, pornografia, machismo e tudo mais que você consiga por no papel e que mexerá com o público pode entrar nesta lista. Um ponto importante para que o roteiro permaneça no gênero e não seja julgado como um filme idiota, bobo ou que simplesmente quis chamar

Gêneros • **CINEMA**

a atenção da forma errada é não deixar explícito que, embora estejam lá para serem engraçadas, tais situações e enfoques estão errados e não deveriam ser feitos.

Se um personagem cai e fica tetraplégico, os outros farão piada, contudo, deve ficar evidente que é uma piada que fere aquilo que é certo. Isso vale mesmo se o protagonista, o antagonista e os coadjuvantes forem sociopatas. Lembre-se de que é uma comédia, não um terror. E aqui estão filmes que você deve assistir para perceber a diferença: *Uma Loucura de Casamento; Pequena Miss Sunshine; Fargo; Beleza Americana; Jogue a Mamãe do Trem; Dr. Fantástico.*

Comédia e horror

Os elementos de um filme de horror estão presentes, contudo, há outros fatores, os da comédia, que equilibrarão o roteiro. O filme é feito para criar tensão e assustar, porém as piadas, a ironia, levam o público a suspirar e rir tanto do filme quanto de si próprios por estarem tensos com a história e a situação dos personagens. Não confundir este subgênero com paródias de filmes de horror ou terror. São muito diferentes. As paródias, em sua grande maioria, sobretudo as mais recentes, pegam elementos de um filme, cenas, personagens, tramas e as reencenam de maneira escrachada. O filme *Todo Mundo em Pânico* exemplifica bem a paródia. Como você verá nos exemplos a seguir, os subgêneros comédia e horror diferem muito. Então, não deixe de assistir a: *Zombieland, Todo Mundo Quase Morto, Os Fantasmas se Divertem, Os Espíritos, Os Garotos Perdidos, Tucker & Dale Contra o Mal.*

Comédia romântica

Homem encontra a mulher. Homem perde a mulher. Homem reconquista a mulher. Ou vice-versa. Esta é a base da maioria das comédias românticas, pode-se até dizer de quase a sua totalidade. É uma fórmula que funcionou por muitas décadas e ainda funciona. Porém, é cada vez mais difícil manter o público atento a uma fórmula tão usada.

CINEMA • Gêneros

Quem não pensa durante o filme? Aqui está o casal: vamos ver eles se apaixonarem, seja por suas semelhanças ou diferenças, mesmo se dando bem, mesmo brigando o tempo todo. Minutos depois: que casal lindo! Descobriram que foram feitos um para o outro! Logo: aqui está o motivo pelo qual brigarão e nunca mais ficarão juntos. E por fim: eles descobrem que tudo não passou de um mal-entendido ou julgam que o amor deve falar mais alto do que qualquer problema e acabam juntos novamente.

As grandes questões que os roteiristas devem considerar ao se sentarem em frente ao teclado para escrever uma comédia romântica são: como posso mudar esta fórmula, manter a tensão e entregar o final feliz?

Lembre-se de que o motivo pelo qual as pessoas pagam para ver uma comédia romântica é porque adoram o conceito de que o amor supera tudo. Mesmo quando temos um final em que o casal não termina junto, a felicidade deve ser plena para ambos.

Um bom exemplo é o filme *Separados pelo Casamento*. O par romântico, Gary, interpretado por Vince Vaughn, e Brooke, interpretada por Jennifer Aniston, são casados. É evidente que gostam um do outro, mas o casamento está desgastado e eles acabam discordando o tempo todo e se separam, mas nenhum deles abre mão do apartamento. Tem início, então, uma longa disputa para quem vai ficar com o lugar. Durante o filme, o roteiro deixa no ar que eles voltarão a ficar juntos, entretanto, isso não acontece. Eles vendem o apartamento e cada um vai tocar a própria vida. Na última cena do filme, eles se encontram por acaso na rua, conversam e mostram que estão felizes. O filme deixa no ar uma chance de eles se encontrarem de novo, mas nada concreto e que possa ter impacto sobre a felicidade de ambos. O roteiro tem um final satisfatório que leva o público a concordar que aquela foi a solução mais apropriada.

Quando comparado com filmes cheios de efeitos especiais e locações mirabolantes, o gênero é relativamente barato. Claro que não estamos contando os cachês milionários das celebridades que são o grande chamariz neste tipo de roteiro. E, sendo barato, eles são muito rentáveis. Se gasta pouco, se ganha muito, uma fórmula que todo produtor adora.

A oportunidade para explorar conflitos internos, crescimento e mudança do protagonista é essencial. Os personagens nunca percebem que

Gêneros • **CINEMA**

a situação deles é cômica ou que faria os outros rirem. É essencial que estejam enfrentando um mar de dificuldades tanto no que concerne a problemas externos, quanto na escolha de tornar-se uma nova pessoa ou de enxergar o mundo de outra maneira.

A razão pela qual o par romântico está apaixonado, ou apenas um deles, deve fazer sentido e ajudar o público a se conectar com os personagens. Se o público não ver motivo para os dois ficaram juntos, a magia estará quebrada. Ninguém se importará.

Além da pessoa amada, o protagonista ou protagonistas devem ter outro objetivo. Pode ser uma promoção no trabalho que o fará ter de sair do país por algum tempo, o desejo de entrar na melhor faculdade do estado, o sonho de virar bailarina, cantora, jogador de futebol; os objetivos secundários são infinitos, só depende de você encontrar o melhor para cada situação. Além de dar valor aos personagens, esse segundo desejo é uma ótima ferramenta para aumentar a tensão no filme.

Afinal, assim que o herói do filme conquista a mulher amada, a tão sonhada promoção sai e ele terá que decidir entre o sucesso na carreira e o amor. E todos já vimos centenas de filmes para saber que, em grande parte deles, o herói escolhe o amor e, assim que o faz, vem a promoção ou algo muito melhor de uma maneira surpreendente.

Outro elemento para elevar a tensão é deixar o público conhecer algo que o protagonista desconhece. Esse deve ser o motivo pelo qual eles se separarão até o amor superar tudo no fim do filme.

Quer fazer o público se apaixonar pelo protagonista? Não o faça declarar juras de amor, mas agir. O ditado "uma imagem vale mais do que mil palavras" em comédias românticas torna-se "uma ação apaixonada vale mais do que mil palavras".

Vamos à lista dos filmes para assistir acompanhado e depois estudar o que viu e absorver o subgênero: *Bonequinha de Luxo; O Fabuloso Destino de Amélie Poulain; O Feitiço do Tempo; O Lado Bom da Vida; Harry E Sally: Feitos um para o Outro; Sintonia de Amor; Noivo Neurótico: Noiva Nervosa.*

CINEMA • Gêneros

Drama

Pessoas reais. Dramas reais.

Na afirmação acima quando escrevemos reais não significa que roteiros do gênero tem que contar apenas histórias baseadas em fatos verídicos. No drama, o público espera encontrar realidade e identificação. Alguns filmes do gênero têm até elementos de fantasia, mas as ações dos personagens, a trama e o desenrolar estão baseados nos dilemas, nas decisões e nas consequências verossímeis para a audiência.

Imagine que no filme o *Óleo de Lorenzo*, o pai do menino após ficar frustrado com as inúmeras tentativas que deram errado em curar o filho, se arma até os dentes, invade um laboratório ultrassecreto do governo, acha a cura, luta contra um exército de soldados e, no último instante, consegue aplicar uma injeção para o filho não morrer. Estragou o filme? Sim. Mudou o gênero? Sim. O público que pagou para assistir a um drama ficará satisfeito? Não. Isso sem contar que o roteiro é baseado em uma história real. Mesmo que não fosse, as perguntas acima ainda teriam a mesma resposta.

Uma amiga escritora quando assiste a um drama faz uma brincadeira com as classificações dos filmes feitas por colunistas ou críticos de cinema. Ela diz: estou indo ver um filme cinco lágrimas.

Essa afirmação vem do conceito de que todo drama é depressivo. Tudo bem, em boa parte dos filmes eles geralmente são. Contudo, aqui está uma regra que não deve ficar de fora em um roteiro do gênero, os personagens sempre lutam para atingir aquilo que desejam e isto deve ser feito de maneira a inspirar e não entristecer. A batalha pela realização deve elevar a moral tanto do personagem quanto de quem vê.

No filme *Em Busca da Felicidade* há momentos em que as lágrimas estão garantidas. Chris Gardner, interpretado por Will Smith, perde a maioria das batalhas e sempre acontece algo que o leva mais para baixo: as máquinas quebradas que não vendem, a esposa que o abandona com o filho, o senhorio que o expulsa, as noites fora do abrigo. Porém, ele não

Gêneros • **CINEMA**

desiste e, no final, quando consegue o emprego tão desejado, diz: "esta parte da minha vida, esta pequena parte, se chama felicidade".

Pronto.

Todo aquele sofrimento de uma hora e meia pela qual passamos vendo este homem não desistir valeu a pena. Estamos emocionados, com os corações cheios de felicidade pelo personagem. Transferimos este sentimento para a nossa vida. Esta é a magia do cinema. A história nos afetou. É um drama, mas saímos renovados, prontos para lutar. Além disso, nem questionamos se o dinheiro gasto com o bilhete, o estacionamento, o combo de pipoca, o refrigerante e a bala valeu a pena. É isto que você deve perseguir com tanto afinco quanto o protagonista do filme.

Para entrar um pouco mais no gênero, vamos separá-lo pelos seus principais subgêneros. Todos eles, contam tanto histórias baseadas ou inspiradas em fatos reais, quanto fictícias.

Guerra

Além de mostrar os horrores das guerras, muitas vezes, estes filmes não têm o foco nos campos de batalha. Eles exploram os dramas pessoais de um indivíduo ou grupo deles.

Biografia

Se há um personagem interessante, de repercussão mundial ou pouco conhecido, mas com feitos extraordinários, a vida dele pode gerar um bom roteiro. E, depois de um filme, mesmo o pouco conhecido galgará os degraus da fama. Infelizmente, na maioria dos casos, eles já estão mortos quando alguém se interessa em contar suas histórias.

Um fator importante antes de começar a escrever um roteiro biográfico é fazer uma crítica severa se aquela história interessa a um grande número de pessoas ou se é interesse seu por conta de qualquer fator pessoal.

Histórico

Este subgênero conta um acontecimento específico em determinado momento da história da civilização, sempre observada por um ponto de vista individual ou de um grupo.

Tribunal

A tensão do veredito é o elemento condutor do roteiro. O protagonista pode tanto ser a vítima quanto o acusado. No primeiro caso, ele sofreu alguma grande perda e agora busca justiça. No segundo caso, está sendo acusado injustamente. Um artifício comum é deixar uma pista, um novo ângulo ou, mesmo, uma evidência para gerar uma reviravolta no julgamento quando o filme está se aproximando de seu clímax.

Romance

Quem não se compadece quando o amor é impedido por um fator externo? Romeu não pode ficar com Julieta, pois suas famílias jamais aprovariam. Jack e Rose, jovens apaixonados de diferentes classes sociais, são separados pelo maior desastre marítimo da história. No fim, se o amor não vencer todas as barreiras, como nos exemplos anteriores, ele torna-se imortal, um sentimento memorável, capaz de preencher o coração do público com a mensagem de que, pelo amor, vale tudo.

A trama foca em um obstáculo quase intransponível entre os apaixonados. Algo tão grande em suas vidas, que eles terão de abrir mão de outro fator qualquer que lhes seja crucial para poder viver o amor pleno e eterno ao lado da pessoa amada. Na maioria dos casos, para configurar-se um drama, eles terminarão separados, seja por problemas internos ou externos.

A lista de filmes a seguir proporá um bom estudo do gênero Drama e de seus subgêneros. Se você for uma pessoa emotiva, prepare o lenço e aproveite as lições de vida e coragem para trabalhar em seus roteiros: *A Lista de Schindler; Gran Torino; Uma Lição de Amor; A Vida é Bela; Central do Brasil; O Lutador; Um Estranho no Ninho; Sobre Meninos e Lobos; Touro Indomável.*

Gêneros • **CINEMA**

 Exercício

Chegamos ao fim do capítulo e com ele vem o exercício. Escreva, com os elementos a seguir, uma sequência para cada gênero abordado. Pode misturar, contudo, todos precisam ser o gênero principal uma vez. O importante neste exercício é deixar muito claro a qual gênero a sequência pertence.

Elementos: Um homem de meia-idade chega a casa. Abre a porta e encontra a esposa e os filhos na sala de estar. Eles saem para a rua e se dirigem à residência do vizinho. Em frente à porta, tocam a campainha, mas ninguém atende. O pai gira a maçaneta e a porta abre. Dentro da residência encontram a filha.

Do livro ao roteiro

Livros e roteiros têm o mesmo objetivo, pegá-lo pelo braço e levá-lo para uma longa viagem. Essa jornada pode ser alegre, assustadora, inspiradora, não importa, existe um fator que você jamais poderá esquecer quando for enfrentar o desafio de transformar um livro em roteiro.

Eles são formas de arte muito diferentes.

Em roteiros, ao contrário dos livros, não há espaço para escrever o que o personagem está sentindo ou pensando. Isso tem de ser mostrado na tela. Enquanto em um livro, o leitor entra na cabeça do personagem e acompanha seus medos, esperanças, alegrias, descritos em páginas e mais páginas pelo autor, o público sentado em uma sala de cinema, tem que interpretar tudo isso através das expressões faciais, gestos, ações e diálogos que apareçam na tela.

Muitas vezes, o autor pode descrever o estado psicológico de um personagem por uma, dez ou quantas páginas ele achar necessário. Isso faz o leitor se aproximar muito mais daquele personagem, vê-lo como um ser crível e, por consequência, criar uma empatia maior. Já no cinema, não há tempo para isso. Um livro de duzentas, trezentas ou mais páginas terá no máximo duas horas para ser contado, o que obriga o roteirista a ser mais conciso e não permite muito tempo para uma imersão tão grande no personagem.

Outro exemplo deste recurso da literatura é a descrição de cenários. Por quantas páginas um autor pode escrever sobre a paisagem onde está um guerreiro saxão? Muitas. Ele pode ir e vir com este recurso, misturando com *flashbacks* e muito mais. Em um filme, teremos apenas alguns segundos ou minutos para mostrar este mesmo local e partir para a ação. Mesmo o uso de *flashbacks* pode não ser possível, pois eles geram os mais diferentes custos para serem produzidos.

Outra diferença, desta vez a favor da linguagem cinematográfica, são os mecanismos que o cinema adicionará ao roteiro depois de ele ser produzido. Enquanto o autor de um livro dispõe somente de palavras para emocionar o leitor, o roteirista sabe que poderá contar, além das imagens, com a trilha sonora, os efeitos, o *sound design*, enfim, uma boa quantidade de recursos que, utilizados da maneira apropriada, são as ferramentas que fazem o público se emocionar.

Para que uma adaptação funcione, a primeira regra é gostar do livro. Importar-se realmente com a história e querer contá-la. Não adianta você escolher um livro apenas porque ele foi um grande sucesso. Se você não está entusiasmado com a ideia de transformar aquela história em um filme, é muito provável que o roteiro, mesmo que o livro seja bom, torne-se fraco. Lembre-se de que você vai passar muito tempo na companhia deste livro e roteiro – meses ou mesmo anos –, então, antes de começar, avalie muito bem se vale a pena gastar tanto tempo trabalhando.

E não se esqueça: certifique-se de que os direitos autorais da obra estão livres. É muito comum grandes estúdios negociarem com autores o direito sobre a obra, mesmo sem garantia de que serão produzidas. Então, não perca seu tempo, entre em contato com o autor ou o agente dele para saber a situação da obra.

Há muitas maneiras de começar uma adaptação. Roteiristas profissionais geralmente recebem de estúdios ou produtores executivos o livro que eles desejam produzir. Em seguida, contratam o roteirista para escrevê-lo. Neste caso, a primeira regra "você tem que adorar o livro" também é válida. É muito comum, mesmo para um roteirista profissional, não conseguir um trabalho excepcional na adaptação e, na maioria dos casos, simplesmente porque não conseguiu se envolver como deveria com a trama.

Porém, a maneira mais comum de um livro ser adaptado é quando um aspirante a roteirista, ou mesmo o profissional, lê o livro e percebe que ali tem uma história que funcionaria bem para o cinema. Em geral, um profissional – mesmo que tenha adorado o livro – saberá avaliar melhor se a adaptação funcionará. O fator levado em consideração e analisado durante a primeira leitura é o quanto da trama é ação interna e o quanto se passa no mundo real, não no consciente do personagem. Isso porque livros com mais conflitos externos do que conflitos internos tendem a ser mais fáceis de adaptar e, em sua grande maioria, tornam-se filmes melhores.

Após a primeira leitura, é recomendado uma segunda leitura, mais criteriosa, em que deve ser colocada no papel a resposta para as seguintes questões:

- Sobre o que é este livro?

- Qual a linha, a força, condutora dele?

- A premissa do livro funcionaria para um filme?

- Protagonista *versus* antagonista: qual é o real conflito entre os dois?

- Quais escolhas morais o protagonista faz durante o livro que estarão no filme?

Se estas respostas não estiverem muito bem-definidas, leia mais uma vez.

Um fator que ajuda muito na adaptação é aproximar-se do autor. Afinal, ele é a fonte da história. Se existe alguém que conhece muito bem a trama, os protagonistas, os antagonistas, os coadjuvantes, o fio-condutor e todas as demais características da obra, essa pessoa é ele. O autor é a pessoa mais indicada para responder a qualquer dúvida. Isso minimizará a chance de interpretações muito diferentes e irá, no mínimo, poupar bastante o seu tempo e trabalho.

CINEMA • Do livro ao roteiro

Contudo, lembre-se de que você escreverá a adaptação, não ele. Você é responsável por saber o que fica e o que sai. Como já vimos, roteiros e livros são formas de arte diferentes e as habilidades necessárias para cada um deles também são.

São muitos os casos em que um escritor não fica satisfeito quando vê o resultado final da adaptação. Ele pode ter aprovado o roteiro, porém, o cinema é uma forma de arte colaborativa, ou seja, o roteiro é apenas o primeiro passo em uma grande estrutura. Quando o diretor de cena entra em ação, muito pode mudar.

Mesmo que o filme atinja um grande sucesso de crítica e público, o autor pode não ver a essência de seu livro nele. Um dos exemplos de filme cujo resultado não foi considerado satisfatório pelo autor, embora envolva dois mestres famosos na arte de contar histórias, é o filme *O Iluminado*.

O roteiro foi escrito por Diane Johnson e Stanley Kubrick. A produção e a direção também ficaram a cargo de Kubrick e, até hoje, o filme é considerado uma obra de arte. Stephen King, porém, não viu desta forma e até hoje crítica alguns aspectos do filme. Para ele, os principais fatores que diferem de seu livro são:

- O protagonista, Jack Torrance, interpretado por Jack Nicholson, tem uma evolução no filme muito diferente da que ocorre no livro. King o escreveu como um homem determinado a fazer o que fosse melhor para a família, embora, aos poucos, fosse envolvido e manipulado até ser destruído psicologicamente e enlouquecer. Já no filme, diz que Kubric o transformou em um delinquente de um filme B dos anos 1960.

- Wendy Torrance, interpretada por Shelley Duvall, esposa de Jack, no livro é uma mulher bonita, corajosa, cheia de energia, em outras palavras, notável. Entretanto, no filme, King a vê como uma caricatura da personagem, uma máquina de gritos histéricos.

Stephen King considera o filme visualmente lindo, contudo frio, sem a substância que havia em sua obra.

A tarefa do roteirista não é agradar o autor, mas entregar o melhor roteiro possível. Além do autor, o roteirista que adapta uma obra ainda

Do livro ao roteiro • **CINEMA**

terá que enfrentar a opinião dos fãs. E se há alguém difícil de agradar são eles. Quando se lê um livro, cada pessoa imagina, orientada pelo autor, os personagens, por exemplo. E por mais que esse personagem esteja descrito tanto física quanto psicologicamente, cada leitor fará a sua interpretação. Para um roteirista e toda a equipe acertar a interpretação de um *bestseller* que envolve milhões de pessoas ao redor do mundo com diferentes culturas e costumes, sem dúvida é uma tarefa muito, mas muito difícil mesmo.

Então, sua principal função é transpor tudo do livro para o roteiro para agradar o público? Não. Isso é impossível. Todos os conflitos internos serão visuais, personagens serão retirados – ou seu espaço na história diminuído –, bem como os *flashbacks* e as subtramas.

O que nos leva à questão: caso seja necessário retirar algum personagem, como decidir quem fica e quem sai?

Simples. Pergunte-se quais personagens são essenciais à trama. Quais são memoráveis. Se já no livro eles não se enquadram em nenhuma destas características, então podem sair. Outra opção é transformar dois ou mais personagens coadjuvantes em apenas um. Por exemplo, o protagonista tem três melhores amigos, um é o engraçado, o outro o conselheiro e o terceiro só arranja problemas e atrapalha. Que tal, em vez destes três, ter apenas um que, mesmo dando os melhores conselhos, tem estilo de vida despreocupado e natureza divertida e, por isso, acaba atrapalhando o protagonista graças a seus próprios problemas?

Tirar ou misturar personagens, muitas vezes, ocorre por uma questão de orçamento. Mais atores significam mais cachês, figurinos, transporte, alimentação e cenas a serem produzidas. Somente estes cinco itens já fazem uma diferença enorme e podem ser um ponto chave para a produção receber sinal verde ou não.

A seguir citamos quatro filmes e algumas de suas diferenças com relação aos livros. Para quem os conhece, analise os motivos das mudanças levando em consideração a duração dos filmes, os custos e a forma de narrativa. Quem não leu as obras ou não assistiu, elas são fáceis de encontrar.

CINEMA • Do livro ao roteiro

- *O Mágico de Oz*. No filme, Dorothy está sonhando. No livro, a protagonista realmente vai para o mundo mágico de Oz. Os sapatos de Dorothy no livro eram prateados, no filme foram transformados em vermelho por uma questão estética. O livro é mais sombrio e violento: acontecem decapitações e pescoços são quebrados quando, por exemplo, o Homem de Lata e o Espantalho se defendem de bestas enviadas pela Bruxa do Norte.

- *Carrie: A Estranha* (1976). O livro conta a história por meio de uma narrativa pouco convencional, com boletins policiais e outros documentos. A narrativa do filme é normal, não leva isso em consideração. No livro, após voltar do baile onde foi banhada em sangue de porco e promoveu o massacre, a mãe de Carrie confessa que a filha nasceu do resultado de um estupro. No filme, após voltar do baile, a mãe a consola em seus braços. No livro, a garota assassina a progenitora fazendo o coração dela parar. No filme, Carrie arremessa, por telecinésia, facas contra a mãe até matá-la.

- *O Senhor dos Anéis*. Os livros têm muito mais música e poema do que os filmes. No filme, durante o Conselho de Elrond, Frodo se voluntaria para levar o anel à Montanha da Perdição e lá destruí-lo. Aragorn, Legolas, Gimili, Boromir, Sam, Merry e Pippin também se voluntariam para acompanhá-lo. No livro, Elrond escolhe os membros da Sociedade do Anel duas semanas depois que o Conselho foi realizado. No filme, a morte de Boromir em Amon Hens é mostrada no fim da *Sociedade do Anel*. No livro, a morte dele é apenas discutida no começo do segundo livro *As Duas Torres*. A princesa elfa Arwen tem uma participação maior nos filmes do que nos livros. No fim do terceiro livro, *O Retorno do Rei*, os quatro *hobbits*, Frodo, Sam, Merry e Pippin, detêm Saruman e Grima Língua de Cobra que se apossaram do Condado. No filme essa passagem não existe. Por falar no Língua de Cobra, ele é morto por Legolas no filme, já no livro os *hobbits* dão cabo dele.

- *Jogos Vorazes*. Durante o jogo, os tributos inevitavelmente morrem. No livro as mortes são prolongadas, os jovens resistem; no filme são mais rápidas. Além disso, a descrição das mortes no livro é mais sangrenta do que vemos na tela. No fim do primeiro livro, os animais

Do livro ao roteiro • **CINEMA**

que atacam os sobreviventes são apenas cachorros muito grandes; no livro são cachorros mutantes, chamados bestantes, nos quais foram inseridas características físicas dos tributos mortos, dando-lhes uma aparência mais assustadora.

Muitos filmes contradizem o fim do livro. Uma mudança radical que pode afetar, até mesmo, a mensagem que o autor passou no original.

No filme *Rambo*, adaptação do livro *First Blood* do escritor David Morrell, o protagonista sobrevive. No livro, a intenção de Rambo a partir de certo momento era se suicidar, portanto, acaba morrendo no fim. Após a primeira sessão fechada para ver a reação do público, foi decidido mantê-lo vivo porque o consenso geral era de que o filme ficaria muito depressivo.

No livro *Parque dos Dinossauros*, escrito por Michael Crichton, os personagens John Hamnond e Ian Malcolm morrem. A ilha, em seguida, é bombardeada pelas forças armadas. No filme, ambos sobrevivem e, no helicóptero, são acompanhados por aves. Adiciona-se a isto a emocionante trilha sonora, o que dá um aspecto completamente diferente ao fim idealizado pelo autor.

Em *Planeta dos Macacos*, no livro, Taylor se casa com Nova, tem um filho e volta para a Terra em sua espaçonave. Descobre, então, que a Terra também foi dominada pelos símios. No filme, Taylor descobre que esteve na Terra o tempo todo e não em um planeta distante como pensava. A caçada final termina com uma das cenas mais icônicas do cinema: a Estátua da Liberdade enterrada pela metade nas areias de uma praia.

Muitos filmes, mesmo com diferenças em relação ao livro, são considerados boas adaptações. Alguns dos mais célebres incluem: *O Poderoso Chefão; O Senhor dos Anéis; Parque dos Dinossauros; Clube da Luta* e *Um Estranho no Ninho*. Outros filmes foram criticados por autores, fãs ou crítica. É muito comum, quem não leu o livro gostar do filme, mesmo que ele tenha desagradado os leitores e não seja tão fiel ao formato original.

CINEMA • Do livro ao roteiro

 Exercício

A seguir colocamos dois trechos do livro *Interlúdio*, escrito por James McSill. O livro está sendo roteirizado por Ana Libânio, com a colaboração de James McSill e André Schuck.

Leia com atenção, analise cada trecho, eles são bem diferentes quanto ao tipo de ação. Em seguida, transforme cada um em roteiro.

Trecho 1
(Capítulo 34 – *Interlúdio*, James McSill – Abajour Books, 2ª Edição)

Passagens.

Dinheiro.

Passaporte...

Passaporte?

Passaporte!

Onde havia metido o bendito passaporte?

Deixei as malas na plataforma e corri.

Na dúvida entre interromper a corrida, antes que desse de cara na porta de vidro da estação — uma vez que essa já estava se fechando, automaticamente, deslizando para o centro — distingui o táxi que nos trouxera se afastando. A cabeça do Ed virava para os lados; nas mãos, levava pastas e papéis.

Se o passaporte não estava comigo, estava no apartamento, cuja chave ficara com o Ed, que estava indo para o exame da Ordem dos Advogados, em algum lugar em Manchester, que eu não me importara em perguntar.

"Luz da Minha Vida, putaquetepariu."

Do livro ao roteiro • **CINEMA**

Hora de arrombar a porta e explicar depois?

Olhei no relógio.

"Ou vou? Ou fico?"

Corri.

Cheguei à plataforma ao mesmo tempo que o trem.

A chamada ecoou, metálica:

"O próximo trem, saindo da plataforma quatro, é o trem para Londres, Euston... Próximo trem, plataforma quatro, é para Londres, Euston..."

Não precisei fazer muitas contas de cabeça. Mesmo que o trem chegasse na hora, eu alcançaria o aeroporto bem depois das oito — e o voo era às dez.

"Nunca presto atenção a nada" repreendia-me, "depois, me vejo nestas situações! Se eu quiser viajar de avião como todo mundo faz na Inglaterra, tenho de aprender a chegar ao aeroporto na hora; aqui, todo mundo chega na hora!"

Meti a mão no bolso e tateei as passagens e o dinheiro, dando uma chance, afinal, para o passaporte, por milagre, aparecer.

Criara asas.

Repassei os últimos minutos antes do Ed fechar a porta e me ajudar a descer as malas. Via o retângulo verdinho ao lado da mala no tapete.

Apito.

"Puta..."

Apito longo.

"...que me..."

Apito longuíssimo.

"...pariu!"

109

Joguei minhas malas estouvadamente para dentro do trem quase vazio. Com duas sacolas me pesando nos ombros, negociei os dois degraus da escada, amontoando tudo no corredor. Quando respirei de novo, o centro de Manchester já cruzava a toda velocidade pelas janelinhas. Já ouvira falar em gente que viajava só com a carteira de identidade. Mas isso seria dentro do Brasil. Ou não?

— Bilhete.

— Aqui.

O condutor perfurou o cartãozinho e devolveu.

Numa tentativa desesperada, levantei e emborquei as duas sacolas, despejando, de uma só vez, o conteúdo da história da minha vida. Expus, à vista dos passageiros, que fingiam não estar me vendo, minhas cuecas, livros, foto do Lécio criança num quadrinho cor melão e o esqueleto de Joãozinho emoldurado numa placa de resina.

Nada.

Revirei a pilha outra vez.

Um tubo de desodorante rolou, indo parar na porta do banheiro.

— É seu? — gentilmente, um punk colorido me alcançou o tubo.

Era meu. Agradeci.

Meu era modo de dizer. Era da sauna, mas o Rick o carregara consigo na saída, para me dar um banho de desodorante e não ficar fedendo a vômito, para que a gente terminasse a noite no *Arches*.

Eu dizia para ele entre gracejos:

— Já tomei uma ducha aqui, Rick.

— Vômito fica.

— Fica, Ed?

— Para mim — Spencer interferiu, — você está cheirando a sabonete, e dos bons.

Do livro ao roteiro • **CINEMA**

— Exagero.

Pensando no Spencer, sorri.

O punk retornou o sorriso, como se tivesse sido para ele e se dirigiu ao assento.

Voltei a cavucar nas malas. O que sobrava, fui tirando por camadas, prestando bem atenção, caso o passaporte verde, no afã, tivesse caído na forração verde-escura do trem. Eu não achava o passaporte, mas havia encontrado um namorado na Inglaterra. Ia desejar também que o passaporte se materializasse do nada? Milagres podiam acontecer, pensei, engolindo o riso. Ao menos, era o que eu imaginava, depois de três meses de relacionamento com o Spencer. Ao menos, era o que eu dizia para o Lécio, no telefonema em que eu lhe contava minha viagem a Lincoln.

Lécio retrucava:

— E?

— O Spencer é joinha. Só que não se abre, mas aqui são mais frios.

— Bom, Luz da Minha Vida. Talvez, de repente, o destino está te suplicando para ficar um pouco mais e ver no que vai dar.

— O destino, talvez; o visto, não.

— O destino precede o visto, ou não?

— Destino. — ri. — Você e suas bobagens que lê nas fotonovelas. Acha que eu acredito nestas coisas?

— Pode ser, Lázaro. Mas na minha opinião, faz muito tempo que te vejo sendo vítima dos seus problemas. Se você não faz nada, deixe o destino fazer. Tente ser feliz.

— Não sei. Feliz, mesmo, nunca me sinto.

— Comece por contar todas as coisas que você tem, mas que o dinheiro não pode comprar, dos processos arquivados a um quase-

CINEMA • Do livro ao roteiro

namorado inglês. Meu Deus, Luz da Minha Vida, seu céu azulece e você não fecha o guarda-chuva!

— Escocês — corrigi.

— O que seja... — disse ele, afinando a voz.

— É complicado, Lécio.

— Tente! Te mando uns dólares. Quer que eu venda umas pedras? Fique.

— Não sei. Já que posso voltar ao Brasil, me dá saudades.

— Te dizendo. Dá uma chance.

— Não sei.

O trem vibrou e voltou a ganhar velocidade.

Olhei no relógio.

Fui arrumando minhas coisas como, tantas vezes, tinha tentado arrumar minha vida: muito mal e porcamente. Enfiei as malas por trás dos bancos, deixando as sacolas no assento ao lado do meu. Meu rosto, encostei na janela. Fiquei observando a tarde que ficava para trás, desaparecendo nas marcas da minha cara, que, cada vez que eu mexia a cabeça, mais embaçavam o vidro.

"Um ano no Brasil. Não pode dar errado justo agora!", eu repetia, tentando ignorar as dificuldades que teria para embarcar.

Sem tirar o rosto da janela, remexia nas sacolas, apalpava o forro do meu sobretudo, examinava meus bolsos. Achei apenas a carta do Lécio, que chegara naquela manhã. Estava dobrada em seis, do jeito que ele fazia. Acomodei meu corpo no encosto do banco, desdobrando-a para ler outra vez.

Estava tudo tão certo. Ele ia me emprestar o apartamento no prédio da Benjamim. Eu lhe pedira o que havia sido da Vanda, se estivesse

Do livro ao roteiro • **CINEMA**

desocupado, mas me disse que esse seria o dele e que já tinha decorado o "meu". Linha telefônica instalada, uma estufa a gás para o inverno, o Valdemar havia limpado o mofo das paredes e pintado tudo de amarelo ovo. Um luxo. Eu ia adorar a mesa nova com cadeiras combinando. Na parte de trás do papel, ele havia trocado da caneta verde para a vermelha. A segunda folha, em tinta amarela e azul-clara, mal dava para ler na luz do trem. "Por causa do Valdemar, passo em Pelotas mais tempo do que no Uruguai, a gente andamos meio indispostos". Pulei para as linhas em roxinho: Trouxe o resto do seu dinheiro comigo, que vou deixar no apartamento, mas as pedras ficaram no cofre no banco. Na chegada te dou o nome, a chave e a senha; estão bem guardadas. Pulei para as linhas em azul: O Valdemar, a gente se adora e ele não vive sem o meu fiofó. Mesmo com os apertos do Sarney, nunca me pede dinheiro, sempre arranja um dinheirinho extra para gastar com a gente. Bom, me sinto a própria! Do nosso jeito, até o dia que a gente não ter mais vida, a gente vamos ser feliz e você, meu amigo, vai ser feliz como a gente e ainda com muito mais pela frente..."

Rindo comigo mesmo, devolvi para o bolso a carta em arco-íris. O Lécio precisava de menos drama e mais aulas de português. Mas, como sempre, tinha razão, eu queria ser feliz como eles.

Na noite anterior, o Spencer tinha aparecido nos meus sonhos. Depois da transa, sussurrava no meu ouvido, dizendo que estava louco por mim. No devaneio, ficávamos deitados, fazendo carícias; ele me perguntava por que eu não ia ficar na Inglaterra. Eu explicava que estava voltando ao Brasil não porque queria, mas porque o visto ia expirar.

— Dou um tempo, depois retorno.

— Certeza?

— Claro.

Ele me virava de frente, me beijava na boca, prometia que ia me esperar. De manhã me acordava com uma taça de champanhe e mo-

CINEMA • Do livro ao roteiro

rangos cheirosos, dizendo que era o símbolo do nosso amor. Até aí, menos a parte em que dizia que era louco por mim, o sonho não era nada mais que a lembrança exata do que acontecera na noite da manhã da nossa despedida. Porém, na continuação da fantasia, eu contava para ele coisas que não tinha contado, coisas que, talvez, eu não quisesse ou, ainda, nunca precisasse contar.

A diferença entre o Spencer e eu era que ele era um rapaz normal. Eu não. Eu sempre fingia que na minha vida não tinha acontecido nada de extraordinário e me esforçava para acreditar na minha própria mentira.

O trem vibrou, diminuindo a velocidade.

Olhei no relógio outra vez.

Os passageiros começaram a se agitar e a recolher as bagagens. No burburinho, eu mal escutava os alto-falantes do trem.

"...Estação de Euston. Não se esqueçam de recolher os seus pertences e..."

O trem deslizou pela plataforma.

As portas destrancaram com um clanque-claque.

Estampido.

Arrasta mala.

Busca carrinho.

Empurra carrinho.

Metrô.

Aeroporto.

Balcão da Varig.

Boca aberta num sorriso, como se tivessem me dado uma injeção para congelar as bochechas.

***

Nem cinco minutos haviam se passado quando a supervisora retornou com minha carteira de identidade.

— Sinto muito. Precisa do passaporte. Se o senhor se esqueceu, não tem quem lhe traga? Se perdeu, ligue para a Embaixada.

— A esta hora?

— Amanhã de manhã.

— Vou perder o voo?

Ela olhou para a carteira sobre o balcão, depois, olhou na minha cara e encolheu os ombros.

— A Varig não se responsabiliza — disse.

— É o último dia do meu visto.

— A Varig não se responsabiliza — repetiu.

Quisesse eu ter força de vontade para insistir, pedir para falar com meio mundo, pedir socorro, não me deixar afogar na merda. Minutos antes, eu pensava justamente aquilo, que não era à toa que chamavam o metrô de "tubo". A cada parada, eu me sentia, mais e mais, entrando pelo cano. Não poder embarcar foi como se puxassem a descarga da privada pela última vez.

Vuch!

Enfiei a mão no bolso e nem mexi na carteira. Sobravam-me 36 libras mais 100 dólares, que ia trocar para comprar a passagem de Porto Alegre a Pelotas e, de resto, até botar a mão outra vez nos meus dólares, eu dependia do Lécio.

No exato momento em que me virei para pegar as malas e me sentar, uma senhora atrás de mim perguntou:

— Este carrinho é seu?

Olhei para o lado e vi um carrinho vazio.

CINEMA • Do livro ao roteiro

— Não, senhora.

Olhei de novo.

Só me faltava essa!

O que eu dizia enquanto esbravejava, deveriam ser coisas horríveis, pois o que ouvi da atendente era que ela ia chamar os guardas de segurança. Só porque minhas malas haviam sido despachadas com as malas de outros passageiros, não era motivo de alarme.

— Só que eu não estou neste voo.

— Só que o senhor pôs suas malas na correia da balança com as daquela família. A gente vai ver o que dá para fazer. Faltam quarenta e cinco minutos para encerrar o *check-in*.

Olhei, mas não vi a família, deviam estar passando sorridentes pelo controle de passaportes. Havia sido um ato mecânico meu, sempre colocava as malas para pesar antes de entregar os documentos. "Merda. Que cagada. Que cagada!"

Não deu para aguentar. Dei um pontapé no balcão e me afastei. Nem pensava mais em guardas de segurança. Queria era desforrar em alguma coisa, em alguém, antes que mordesse a mim mesmo ou começasse a gritar no saguão de Heathrow.

Minha cabeça chicoteava de um lado para o outro. Eu chutava sem parar minhas duas sacolas de mão em direção aos assentos. Uma se rasgou do lado; eu quis chorar. Pensei em deixar tudo ali, usar o que me restava daquele parco dinheiro para voltar e reiniciar minha vida em Manchester como imigrante ilegal. "... Te dizendo", lembrei do Lécio, "faz muito tempo que te vejo sendo vítima dos seus problemas. Se não faz nada, deixe o destino fazer. Tente ser feliz". "Tente ser feliz", suspirei para mim mesmo. Virei as costas para as sacolas no meio do saguão, alisando a carteira no meu bolso. Ia dar um passo, mas apenas me sentei e respirei.

— Senhor Prata, senhor Prata...

Do livro ao roteiro • **CINEMA**

A supervisora de balcão da Varig aproximava-se quase correndo. Sozinha. Sem guardas. Numa mão, acenava vigorosamente com uma folha de papel; com a outra, apontava uma caneta na minha direção, como se fosse uma lança.

— Hoje é seu dia de sorte.

Eu me levantei e fui na direção dela, embora uma coisa dentro de mim me alertasse para a caneta, que estacou muito próxima ao no meu peito.

— Tem uma chance, Seu Prata. O voo vai atrasar.

Dei um passo para trás.

— Previsão para as cinco da manhã. Se o passaporte não estiver perdido, quem sabe, alguém pode vir trazer.

Sentamo-nos e ela me explicou o que deveria fazer.

Tirei o sobretudo e o suéter. A camisa já estava empapada.

— Venha aqui e use o telefone do balcão.

Não telefonei para minha família. Com o marido viajando, criança de colo e minha mãe sofrendo de falta de ar, não haveria jeito de minha irmã arrombar um apartamento, pegar meu passaporte, caso estivesse lá, e dirigir de Manchester a Londres àquela hora. Preferi ligar para o Ed, repetidas vezes.

Já passavam das dez. "Depois do exame, deve ter saído para relaxar."

"*Stuffed Olives!*" — o nome do pub explodiu na minha cabeça.

Meti o dedo no teclado e disquei Informações.

— Sim... *Stuffed Olive*... Manchester... Não com esse nome? Humm... Tenta, por favor South King Street, na esquina, bem no centro...

Acenei para a atendente que eu precisava de uma caneta.

Ela me passou uma caneta e um maço de rótulos para malas.

— Olha, é um bar gay...

O telefonista me mandou esperar.

— Este mesmo. Zero, seis, um, seis, três, quatro... como? Sim... seis, nove...

Ed estivera lá. Mas não estava mais.

Moído de cansaço, debrucei-me no balcão, largando o pescoço por cima dos meus braços cruzados. Bem, eu sempre quisera que minha vida fosse o tal grande espetáculo: agora era chegada a hora em que o herói ficava numa enrascada do caralho, que parecia não ter saída.

Uma cutucada no braço.

Outra.

De tão confortável, fiquei prostrado.

— Senhor Lázaro Prata, tudo bem?

O eco de vozes me lembrou que eu estava no aeroporto.

Levantei a cabeça devagar.

— Já ia chamá-lo pelos alto-falantes quando me lembrei que era o senhor aí — disse a supervisora, me passando o telefone.

Parecia que um peso ia sendo retirado do meu peito, conforme eu falava com o Ed.

— Como ficou sabendo?... Claro... Fico aqui no balcão da Varig.

Com os olhos, fiquei buscando as máquinas automáticas de bebidas e batatas fritas. Ed havia entrado no apartamento, achado meu passaporte na frente do sofá e ligado para o aeroporto. Ainda bem que o colega com quem estava não havia bebido. No minuto seguinte, pegariam a estrada para Londres. Quase sem trânsito, meu passaporte iria chegar antes do voo.

E chegou.

Ed me piscou o olho e me entregou o passaporte.

— Gato?

— Gatíssimo. Para quem gosta do tipo hindu — sussurrei, em aprovação. — Isto é um Deus.

— Rajá.

— Nome...

— Sanjeeb — completou Ed, agora em inglês.

— Prazer, Sanjeeb — disse eu, estendendo a mão.

Sanjeeb me apertou a mão sem dizer nada. Com os olhos, fez um sinal ao Ed, que não compreendi.

Ed me abraçou, encostando os lábios no meu ouvido.

— Estamos apressados... — segredou em português – e vamos parar de cochichos ou Sanjeeb...

Sanjeeb escutou o próprio nome e não conteve o riso.

Nem o Ed.

Nem eu.

Com a luz do sol me obrigando a franzir os olhos, tomei o café da manhã por cima das nuvens, em algum lugar sobre o Atlântico. Qual família levava dois bilhetinhos extras colados nas passagens com as minhas malas, eu só saberia na chegada.

Olhando para o oceano lá embaixo, deliciava-me com o zumbido do avião parado no ar. Eu cochilava, despertava, não via mais a água, via o céu, via as nuvens, cochilava de novo. A Europa, depois de quatro anos, ia ficando para trás. Ri, pensando nas palavras da Mirta: "Você é um rapaz de sorte, Lázaro". Ela tinha razão:

comparando minha partida com meu retorno, a paz outra vez pintava na minha vida. Apesar de uma ponta de saudades do Spencer, a esperança de recomeçar era o que me ocupava. Depois de tudo por que eu passara, tinha a sensação de que o céu se abria para mim novamente, em fofas nuvens de algodão. Que ia me adiantar continuar me enxergando do fundo dum poço a vida toda, suplicando a mim mesmo um socorro impossível?

Descansei meu rosto no plástico frio da janelinha.

Voltei a firmar os olhos no céu, para a claridade muito além do horizonte, "a vida é para cima e para frente", repetia Lécio. "Te afirma nesses saltinhos, Luz da Minha Vida! É como andar de bicicleta, quanto mais rápido a gente pedala, mais fácil vai ficando de a gente se equilibrar".

Trecho 2
(Capítulo 37 – James McSill, *Interlúdio*, Abajour Books 2ª Edição)

Infortúnio.

Calamidade.

Miséria.

Angústia.

Será que me lembrava de mais alguma palavra para dizer "desgraça"?

Bem provável que não.

A situação tinha ficado tão difícil que, onde quer que eu me encontrasse, tornava-se a parte mais pobre e lúgubre da cidade. Naquele dia, a parte mais pobre e lúgubre de Pelotas era a Perlatur. Ao trocar a última nota de cem dólares, fiquei parado na frente da casa de câmbio, vendo evaporar-se o que me havia sobrado de esperança de, um dia, realizar meus sonhos de menino. Só depois de enfiar meus sonhos num saco e jogá-los no lixo, tive ânimo de entrar. Fazia um mês que

Do livro ao roteiro • **CINEMA**

eu havia me tornado cliente daquele estabelecimento. Assim, a rotina estava instituída. Era uma dança que não precisava mais de ensaios.

— Vai trocar só cem? — perguntou a moça por trás do balcão, olhando para minhas mãos.

— Só cem, desta vez — menti. "Só cem. E nunca mais vou incomodar vocês", pensei, "nunca mais vou tirar um maço de dólares do bolso".

O enterro do Lécio não me custara muito, todavia não poupei na rica lápide de mármore negro, esculpida como duas cortinas, congeladas no tempo, que, às vezes, pareciam estar se abrindo; outras, se fechando. Dependia do estado de espírito em que me encontrava. O resto do dinheiro, gastei com os vivos. Com mamãe, que saíra do hospital para uma vida nova, e comigo mesmo, que só consegui meia dúzia de alunos, que não pagavam o bastante para cobrir as despesas inevitáveis para me estabelecer na cidade. Os diamantes, eu ainda me lembrava da cor esverdeada dos saquinhos que os acomodavam. Mas estes se encontravam depositados na caixa-forte de algum banco uruguaio. Algum. Quisera eu saber qual. Como quisera também saber onde o Lécio teria escondido a chave caso, por milagre, eu descobrisse o nome do banco. O fato era que as pedras estavam perdidas para sempre – apenas uma mera lembrança. Assim como o Dennis, a Potoka, a Vó Iracema, a vida feliz que eu sonhava ter e todos os meus amigos que haviam partido.

Felizmente, os vivos ainda se importavam comigo. Eu os amava mais do que nunca pelo favor que me faziam. "Estou divorciada e de vida arrumada. Posso casar com você e você vem morar aqui", insistia a Vanda, de Nova Iorque. Restava-me agradecer-lhe, só que eu não tinha mais por que ir para os Estados Unidos. Morar nos Estados Unidos, para mim, ia ser tortura. "Eu te compro as passagens", ofereceu-se o Ed um dia. "Vem morar de novo comigo, gostas tanto da Inglaterra. E, olha, o Spencer, quando o encontro, sempre fala em você." A oferta era tentadora e, por mim, voltaria no dia seguinte. Se pudesse. No entanto, não eram apenas as passagens. Visto para a Inglaterra, sempre era fácil, se a gente justificasse para o oficial de imigração que estava recheado de grana. No passaporte, eu tinha carimbos demais; na carteira, dinheiro de menos. A opção era esperar.

E esperei.

No fim daquela tarde, subi as escadas correndo; parei diante da porta do meu apartamento. No chaveirinho alaranjado, as chaves balançavam, se comunicando — a minha e a do apartamento do Lécio, que eu ainda conservava.

Fechei as chaves na mão.

"Tenho de trocar estas placas". Eu podia dar dois passos, abrir aquela porta, pegar as ferramentas e fazer o serviço.

As pernas pesaram.

As pernas, não; o corpo.

Medo das lembranças?

Medo de fantasmas?

Não sei.

Conforme o tempo marchava, eu constatava que os dias se sucediam, mas as marcas da tragédia permaneciam, mais do que qualquer outra coisa que tivesse acontecido naquele espaço.

Mergulhei a chave na fechadura da porta do meu apartamento. Já que eu estava muito cansado para ficar pensando, não pensei "amanhã resolvo". Decidi entrar e fui dormir.

Reescrever

Terminar de escrever um roteiro é uma grande conquista. São meses, às vezes anos, de dedicação, dúvidas e expectativas. Por isso, ao fazê-lo, retire seus dedos do teclado e comemore. Não precisa fazer um estardalhaço como dar uma festa, pagar um jantar caríssimo para os amigos ou gritar aos sete ventos que seu trabalho está pronto. Só não deixe passar em branco.

Um amigo escritor de romances e roteiros sempre que termina um trabalho levanta da cadeira, coloca seus tênis de corrida, põe os fones de ouvido, liga o tocador de mp3 e sai para caminhar e correr por alguns quilômetros ouvindo as trilhas sonoras do *Parque dos Dinossauros* e *O Senhor dos Anéis*. Excentricidade? Pode ser. Mas isso lhe dá força de vontade para a próxima etapa.

Afinal, o seu trabalho – e de nenhum outro roteirista – está pronto. Não mesmo. O que diferencia os profissionais bem-sucedidos dos aspirantes começa agora. Arregace as mangas mais uma vez e volte para o teclado assim que acabar de comemorar.

Escrever é reescrever. Se você nunca leu essa frase ou se torce o nariz sempre que a ouve, saiba que não há escapatória. Depois que acabar a primeira versão de seu roteiro, chamada por muitos profissionais de rascunho, chegou a hora de reescrevê-lo.

CINEMA • Reescrever

O aspirante a escritor em geral pergunta – na verdade, mais afirma do que questiona: "mas eu fui cuidadoso, segui todas as técnicas, meu trabalho está pronto, eu o revisei enquanto escrevia, por que preciso reescrever?".

Imagine a seguinte situação: seu chefe pediu um relatório financeiro que engloba o ano inteiro. Seu futuro na empresa depende da precisão e da clareza deste documento. Uma conclusão ou um número errado que pode ser mal interpretado, e o resultado será desastroso. Você será demitido. Rua. Tchau.

Você revisaria o relatório exaustivamente? Usaria uma linguagem mais clara para demonstrar o resultado e suas conclusões?

Temos certeza que sim.

Então antes de entregar o roteiro que você trabalhou por tantos meses ou anos a um profissional, revise e reescreva-o. Você terá poucas chances de mostrá-lo. Faça com que funcione. O mercado pode ter falhas na hora de receber, analisar e considerar um roteiro. Você não.

Grandes roteiristas sabem a importância de revisar um texto e muitas vezes levam mais tempo para reescrever do que para fazer a primeira versão.

A capacidade de achar os pontos fracos, deixar o texto fluido, adicionar elementos que deixem os personagens ou a trama mais instigantes e muitos outros pontos é o que separa os roteiristas de sucesso daqueles que dificilmente alcançarão seus objetivos.

Para adquirir a capacidade de analisar e mudar o que é preciso, só existe uma maneira, praticando.

Em toda atividade, o que realmente nos molda e nos torna bons profissionais é a prática. Da profissão mais simples a mais complicada, não há no mundo um profissional renomado que não tenha passado horas, dias, meses, anos se aprimorando. O mesmo tem que ser feito com a capacidade de escrever e reescrever.

Na primeira revisão, as perguntas que não devem sair da sua mente são: Os elementos da minha história estão claros? Consegui passar a mensagem?

Ao escrever um roteiro, você não pode deixar espaço para interpretações. Quando um escritor de romances termina o manuscrito, ele tem em mãos um produto acabado. Ou seja, é isso que os leitores consumirão. E leitores podem e interpretarão esse texto de diversas maneiras. Diferentemente do livro, o roteiro não é o produto final. É onde tudo começa. Do roteiro até chegar à sala de cinema ou à televisão, muitas pessoas lerão o seu texto, por isso ele precisa ser claro e preciso.

A seguir listamos algumas perguntas-chave que você deve focar durante o processo de reescrever:

- O objetivo do protagonista está claro?
- O antagonista parece mais forte que o protagonista?
- O arco do protagonista está bem construído?
- As soluções encontradas pelo protagonista parecem golpe de sorte?
- Os personagens coadjuvantes têm uma razão para estar no roteiro?
- Os diálogos são originais ou parecem clichês?
- Os incidentes são fortes ou o protagonista poderia ignorá-los e seguir com sua vida como se nada tivesse ocorrido?
- As cenas movem a história para frente?
- O clímax do filme é o maior desafio e o maior risco para o protagonista?
- O clímax do filme fará o público prender o fôlego?

O processo de reescrever começa com uma leitura de todo o roteiro para ver como ele flui. Uma dica é ler em voz alta. Isso ajuda a checar a lógica e o ritmo das cenas. Depois faça outras revisões com foco nas perguntas listadas anteriormente e tome notas.

Depois das revisões, o processo de reescrever deve começar. Primeiro, mantenha o foco no personagem principal, afinal toda a histó-

CINEMA • Reescrever

ria gira em torno dele. Mesmo quando você está em uma sequência com o vilão ou um personagem coadjuvante, isso afetará, sobretudo, o protagonista.

Feito isso, comece a cortar. Mantenha em mente que menos é mais. Veja se as suas cenas começam e terminam no ponto certo. O ritmo do filme pode falhar se isso não acontecer. Se na cena demorar para acontecer o que importa, o público pode se desligar; se ela demorar para terminar, eles também perderão o foco no filme. Se muitas cenas estiverem com esse erro, as sequências serão afetadas e, no fim, o roteiro ficará cansativo.

Volte aos diálogos. Agora que não deve haver mais clichês na fala dos personagens, leia mais uma vez em voz alta. Procure perceber se as falas não podem ser cortadas sem que a mensagem seja perdida. Se for o caso, corte. Se possível, chame um amigo para ler os diálogos com você. A percepção de erros, como textos repetitivos, sem lógica ou fora da personalidade do personagem fica mais fácil desta maneira. E sempre procure meios de substituir esses diálogos por ações que tragam a mesma mensagem.

Nesse ponto do processo, os obstáculos impostos ao personagem para que ele chegue ao objetivo e resolva a tensão principal já devem estar prontos. Aproveite as revisões e a reescrita para voltar em detalhes do processo criativo que podem ter passado despercebidos, mas ainda precisam ser melhorados. Um destes detalhes é procurar meios de aumentar a tensão. Nada que traga mais ramificações ou problemas ao protagonista. Vamos a um exemplo:

A protagonista, uma atraente adolescente de 18 anos, está dirigindo o mais rápido que pode para chegar a casa e impedir que a madrasta sequestre seu irmão de 4 anos. No meio do caminho, o pneu do carro fura, e ela se vê obrigada a parar e perder tempo com a troca.

Agora, adicione um grupo mal-encarado bebendo em um bar na esquina. Eles podem ver a garota descendo do carro. A tensão aumentará porque o público se perguntará: "será que vão atacá-la? Se o fizerem, será que ela vai sair correndo ou enfrentá-los?".

Não exagere neste tipo de recurso, mantenha o foco no ritmo, dê tempo para o público respirar.

Antes de reescrever, faça uma pausa. Tente se afastar um pouco do roteiro antes de mergulhar de volta. É nesse momento que o filme como um todo ficará mais claro, e você conseguirá achar soluções criativas. O processo de reescrever não é apenas técnico. Com tempo e aprendizado, ficará claro que é apaixonante e divertido.

Um último conselho neste capítulo:

Reescreva.

Roteiro pronto. E agora?

Agora você terá calafrios, o corpo tremerá e pesadelos irão assombrá-lo toda vez que você pensar em mostrar seu roteiro. Escritores produzem, em suas mentes criativas, diferentes motivos para estas reações. Os dois mais comuns encontrados em seminários e conversas informais são:

1. Medo que roubem o conteúdo de seu roteiro.

    Existe a possibilidade de acontecer? Sim.

    É comum? Não.

Pessoas sem escrúpulos são encontradas em todas as profissões, no mercado cinematográfico não seria diferente. Isso deve fazer você guardar seu roteiro a sete chaves e perder boas oportunidades de mostrá-lo? De jeito nenhum. Portanto, sua única possibilidade aqui é arriscar. Não há outro jeito. Use o bom senso e arrisque.

A melhor forma de se prevenir é registrar seu roteiro na Biblioteca Nacional. É simples, barato e rápido. No momento da entrega do roteiro, eles lhe darão um número que já serve como prova de registro. Alguns meses depois – em geral dois –, o registro final chegará ao endereço indicado. Sempre que enviar o roteiro, coloque o número do registro junto.

CINEMA • Roteiro pronto. E agora?

Outra realidade que pode gerar medo, mas você terá de enfrentar é que, ao levar seu roteiro a uma grande produtora, você precisará assinar um termo em que afirma que qualquer ideia apresentada já pode estar em desenvolvimento pela produtora, você aceita isso e os livra de qualquer processo de direitos autorais. Isso é muito comum no mercado, e seu roteiro só será aceito para leitura caso o termo seja assinado.

Entretanto, por maior que seja o seu medo, pense da seguinte maneira:

Se uma produtora receber um roteiro pronto, com uma boa ideia, bem escrito, que demonstre que o autor sabe o que fez, por que eles pegariam esse roteiro e pagariam um profissional, muito mais do que pagariam a você, para reescrever, mudando uma coisa aqui, outra ali? Além disso, por que iriam arriscar ser processados – o que só geraria gastos e destruiria a reputação deles?

2. Medo da rejeição.

Durante todo o processo de escrita você sempre acreditou no sucesso do seu roteiro. Ótimo! É assim que deve ser. Agora que ele está pronto, perguntas começam a pipocar em sua mente. E se ninguém gostar? E se o mercado não quiser mais esse tipo de história? Para quantas pessoas vou mostrar até desistir? Será que sei escrever bem?

Todos esses receios são comuns. Acompanharam roteiristas de sucesso que percorreram o mesmo caminho que você e os acompanham a cada novo roteiro.

Não tenha medo de ninguém aceitar seu primeiro roteiro. Não é fácil ser um desconhecido e conseguir uma chance. Isso é comum em todos os meios artísticos. Faz parte do processo de amadurecimento e muitas vezes sequer tem a ver com a qualidade artística ou com o potencial de mercado da sua obra. Muitos escritores que hoje vivem de seus textos foram dezenas de vezes rejeitados.

A atitude mais importante nesta fase é:

Persistência.

Grande parte dos aspirantes a roteiristas desistem depois de o primeiro, o segundo ou o terceiro roteiro ficarem engavetados. Se você fizer isso, terá o mesmo destino que eles. Nenhum. Nada acontecerá. Porém, se você persistir, continuar escrevendo, aprimorando suas habilidades, conhecendo o mercado, as chances de sucesso crescerão dia a dia, palavra a palavra.

De tempos em tempos, surge um autor do nada e atinge um sucesso estrondoso, fica famoso, milionário, tudo parece que aconteceu do dia para a noite e é tão fácil quanto roubar pirulito de uma criança. Não se deixe enganar. Sempre ficamos sabendo da versão curta e romântica da história. Autores de sucesso trabalharam muito na obscuridade até atingirem o sucesso.

Tudo chega ao nosso conhecimento da maneira mais sedutora possível. Quer ver?

Digamos que você consiga vender o quarto roteiro que escrever e saia uma matéria no jornal sobre o seu trabalho. Como você acha que será?

O aspirante a roteirista "Carlos Capriezi" que não conseguiu vender seus três primeiros roteiros, sofreu de depressão por cinco longos anos, gritou aos sete ventos que iria desistir de uma profissão tão injusta, teve acessos de raiva ao ver roteiros terríveis chegarem às telas e, durante os dois últimos anos, o tema musical de sua vida foi Everybody hurts *do REM, finalmente conseguiu ver um de seus roteiros chegar às salas de cinema.*

Ou será algo assim?

O experiente roteirista "Carlos Capriezi" compareceu noite passada à estreia de seu primeiro filme. "Capriezi" conta que se sente feliz pelo tempo que teve para amadurecer seu estilo antes de alcançar o sucesso comercial.

Sem dúvida, é a segunda opção que todos conhecerão. Além do mais, a tragédia que montamos na primeira não precisa e nem deve acontecer.

Se você começou a escrever é porque gosta da atividade. Então aprecie o aprendizado. Ame a jornada. Quando seu objetivo chegar, você olhará para trás e apreciará todos os obstáculos que enfrentou. Faça o

CINEMA • Roteiro pronto. E agora?

mesmo por você aquilo que fez pelo seu protagonista. Continue a seguir em frente. Não pare até alcançar seu objetivo.

Seja persistente.

Bate-papo com especialista

Conversamos com o diretor de cena e roteirista Maurício Eça. Formado em cinema pela Faculdade Armando Alvares Penteado (FAAP), é vencedor de 4 VMB (Video Music Brasil) e foi premiado em diversos festivais nacionais por trabalhos em publicidade e conteúdo para televisão. Em 2014, lançou seu primeiro longa-metragem intitulado *Apneia*.

Como foi o seu começo no cinema?

Formei-me em cinema na FAAP em 1993. Collor tinha acabado com a Embrafilme e nenhum filme nacional foi lançado naquele ano. Acabei parando na publicidade e foi a minha escola. Depois vieram os *clips*.

Nos clipes, acho que noventa por cento das vezes eu fiz o roteiro. Nesse formato eu já experimentava a criação e a escrita. Diferentemente da publicidade, em que o roteiro já vem pronto e o diretor, na maioria das vezes, só tem a função de execução.

Fale um pouco sobre o tema e a história do Apneia.

Com o cinema começando a melhorar no Brasil, eu voltei a sentir vontade de fazer cinema. Durante um período, trabalhei em dois roteiros. Eu não os escrevi, mas participei do processo de criação e foi quando comecei a entender mais da estrutura, de como contar uma história no papel. Não foram roteiros que diziam algo para mim, ou que me tocaram. Além disso, acabaram não acontecendo.

Então, conheci uma menina há uns 7 anos, ficamos amigos, ela foi morar fora do Brasil, mas mantivemos contato. Ela passou a contar a vida dela e a das amigas. Comecei a me interessar. Era uma menina rica, extremamente entediada. Ela e as amigas começaram a se prostituir, não pela grana, mas para experimentar algo diferente, claro que também gostava de ganhar dinheiro. A história de uma de suas amigas, de família muito rica, com postura de "não estou nem aí para o mundo" começou a me interessar. Passei a entrevistá-la.

Eu tinha acabado de ler um livro sobre mergulho de apneia e fiz uma metáfora com a vida desta menina. Eu a via mergulhando na loucura, vivenciando a apneia. Então, pesquisei mais o termo e descobri a apneia do sono, que pode matar se não for tratado. A metáfora passou a ser essa menina que tinha uma vida louca por não pensar ou sentir antes de agir, fazendo da vida dela uma verdadeira apneia.

O roteiro foi escrito a partir das entrevistas?

Essa foi a primeira ideia. Dela para o que eu filmei mudou bastante. No cinema, o filme acaba não tendo a ver com prostituição.

Nesse período surgiu um edital da Prefeitura de São Paulo. Eu já tinha participado de alguns, mas nunca ganhado. Esse edital era muito simples, bastava enviar uma sinopse de um roteiro que ainda seria escrito. Sem a menor pretensão, eu fiz e ganhei. Era um dinheiro muito bom apenas para escrever o roteiro. No começo deste edital, depois de contemplado, você recebe a orientação de um roteirista renomado. Ele leu a sinopse e apontou tudo o que não iria funcionar. Depois, tive um mês para fazer o primeiro tratamento, mandei para ele e voltou com correções e sugestões do que não funcionaria. O governo dá quatro meses para eu terminar o segundo tratamento. Depois disto, já não há mais *feedback*, você termina o roteiro e entrega.

Continuei trabalhando no roteiro, contratei profissionais para ler e criticar. Então, começaram as novas versões. Foram mais de trinta até chegar no que considerei definitivo. Com isso aprendi muito. O que funciona. O que não funciona no roteiro.

Passei a ler muitos roteiros e, talvez por meu roteiro ser o que chamo de "roteiro de diretor", ele é mais visual do que os roteiros mais tradicionais. O meu maior desafio foi criar no roteiro uma dramartugia, mais do que deixá-lo visual. Mas não tenho como negar, eu sou um diretor de

CINEMA • Roteiro pronto. E agora?

cena. É a minha função, é com isso que trabalho, eu já coloco as imagens no papel visualizando o que acontecerá, inclusive a edição que faz parte do meu aprendizado nos anos com videoclipes.

O *Apneia*, durante o processo de montagem, não teve muita variação. Não ficamos mudando para lá e para cá. Foram poucos os momentos em que tivemos que alterar a ordem das cenas.

O filme, hoje, conta a vida de três meninas durante uma semana. Ele é cronológico. A protagonista, Cris, sofre de apneia do sono, é rica, entediada, sem limites e tem dificuldade para saber o que é certo ou errado. A mãe morreu de apneia do sono, então inconscientemente, ela tenta permanecer acordada para evitar o mesmo destino. Quando dorme, tem pesadelos com a mãe, a água, o oceano, é o momento em que tem contato com seu passado infeliz. Então, conhece a Julia, depois a Giovanna, e se tornam amigas íntimas.

Fale um pouco sobre o roteiro.

O *Apneia* é um filme que aborda bastante o universo feminino. Nos últimos tratamentos do roteiro, eu contei com a colaboração de uma roteirista. Ela me ajudou principalmente no alinhamento da dramartugia, deixando-a mais crível. Trabalhou também nos diálogos.

Durante essa semana na vida das meninas, descobrimos o quanto a escolha de uma interfere no destino das outras. A vida delas é meio cíclica. Então é um filme que você não sabe, logo de início, como vai acabar. Eu deixo sempre a pergunta: será que elas vão mudar ou repetir mais uma vez o ciclo? Além desse lado dramático, é um filme jovem que diverte.

Escrever um roteiro é fazer escolhas, assim como dirigir ou editar. Escrever é decidir que cenas são importantes e relevantes para contar aquela história, é entender o que está a mais e o que realmente leva a história adiante.

Eu acho que meu roteiro não tem as curvas tão exatas. Claro que elas estão lá, por exemplo, no início, você já entende a protagonista. E, ao apresentar as outras meninas, o conflito também começa a ser apresentado. Ele tem um ápice quase no fim, que é porrada nas três, e um fim meio aberto. É uma estrutura mais europeia ou mais independente americano do que *blockbuster*.

Quanto tempo levou para escrever o roteiro?

Foi um processo de cinco anos. Ele correu paralelamente à captação de recursos para fazer o filme. O que por um lado foi muito bom porque, graças a esse período, tive tempo para ficar pronto e trabalhar o roteiro mais e mais.

No fim, ainda tive que adequar o roteiro final ao orçamento. A princípio, minha ideia era filmar em cinco semanas, mas não tinha recursos financeiros suficientes. Caiu para quatro semanas. Depois, dois meses antes de filmar, tive que mudar para três semanas. Então adaptei o roteiro, a produção e as locações para isso. Claro que sem mudar a história e os conflitos. Por exemplo, rodei mais cenas nas mesmas locações para ganhar tempo e baixar custos.

Acredito que, ao longo desses anos, ocorreu um processo de maturação meu, tanto pessoal quanto profissional, e, como consequência, o roteiro também evoluiu.

Como foi o processo de ver o roteiro ganhar vida?

No primeiro dia de filmagem, eu estava no carro indo para a locação e muita coisa passou pela cabeça. Durante todos esses anos, eu fui atrás de tudo, das leis de incentivo, dos patrocinadores... O filme foi totalmente independente. Não tive apoio de produtora nenhuma para fechar com algum canal, nem de produtor executivo para batalhar por verba. Nada disso. Eu lutei pelos patrocínios, levantei a produção, consegui um monte de coisa de graça, convenci atores porque o projeto era legal. Foi muita raça mesmo. No carro, indo para a locação, primeiro veio o pensamento de que aquilo que eu imaginei há tanto tempo estava prestes a ganhar vida. Ou seja, quantos profissionais me esperavam para trabalhar. Quanta gente me ajudaria a tornar esse sonho realidade. O cinema é um trabalho de equipe, as pessoas somam e trazem coisas novas.

CINEMA • Roteiro pronto. E agora?

Filmar foi um barato. Você sente coisas do roteiro que não funcionam... embora esse tipo de situação tenha acontecido poucas vezes. Não teve nenhuma cena do roteiro que eu não filmei. Tiveram alguns diálogos que cortei ou alterei. E teve um pouco de improvisação dos atores também. Mas ver o texto na boca deles, ver os conflitos funcionando, foi maravilhoso. É uma sensação incrível.

Antes de começar a filmar, testamos tudo. Fizemos leituras com as meninas para ver o que funcionava. Fizemos a preparação de elenco. Leituras, inclusive, com a equipe técnica. No meu caso, que dirigi e escrevi com olhos de editor e de diretor, ver como as pessoas entendiam ou não entendiam permitiu que eu aprendesse com o resultado. Isso fez parte do processo.

No caso desse roteiro, ele mudou bastante do primeiro para o último. Algumas dúvidas que ainda tinha no roteiro cessaram e ficaram muito consistentes. Eu acho que você tem que estar aberto, não pode se fechar a mudanças. Como não era um roteiro encomendado, eu tinha poder para cortar o que não funcionava e modificar até encontrar um meio melhor. A obrigação era apenas comigo.

Qual foi o maior desafio ao escrever? Você tinha alguma rotina?

Eu não tinha uma rotina. Trabalho melhor sob pressão. Na época do edital, eu tinha que escrever muito rápido. Fui alguns dias para a praia sozinho com esse objetivo. Depois, no meio do processo, eu queria mostrar uma versão mais bem tratada para os atores, então, mais uma vez fui sozinho para a praia. Eu trabalhei em coletivo com três roteiristas. A gente se reunia, um mandava textos para os outros. Tudo sem a menor rotina. Eu adoraria conseguir acordar uma hora mais cedo todo dia para isso, mas não funciono desta maneira.

Que conselhos daria a um aspirante a roteirista?

Hoje, para o novo diretor que tem como fazer seus trabalhos com recursos tão mais disponíveis, eu tenho dito: façam, arrisquem, experimentem, acertem, errem, mas façam.

Sobre roteiros, você pode até escrever, contudo, tenha em mente que não é algo simples. O melhor conselho que eu posso dar é: leia. O mais importante é a literatura, ali você vai entender de narrativa, dramaturgia, ideias. Ser roteirista não é fácil. Eu acho que a gente vive ainda uma crise na formação de roteiristas. Principalmente no Brasil, onde não tem um mercado cinematrográfico tão forte. Nesse aspecto, ainda estamos começando.

Muitas vezes, novos diretores quando vão filmar querem colocar tudo no filme, todas as ideias, as referências e ali não cabe tudo. Tem que estar no roteiro, no filme, o que a história pede. Você não pode colocar elementos a mais só porque você acha legal, divertido, bonito... Eu aprendi a abrir mão do excesso e ter ali apenas o que realmente precisa, o que faz parte do trabalho... e é algo difícil de enxergar.

No roteiro, escrevi sequências muito legais, visuais, fortes, porém, na versão final elas não cabiam, eram apenas legais ou visuais, mas não eram importantes para a narrativa.

Tente sempre procurar o que realmente faz parte da sua história. Não deixe nada no roteiro apenas por ego ou querer impressionar o outro.

Trabalho com o que eu gosto. O filme tem muitas experiências pessoais. Então, eu tento ao máximo inserir estes elementos na minha linguagem, o universo jovem, a música. Eu adoro ir ao cinema, ler e adoro fotografia. Nos meu clipes, acho que não chega a dez por cento a inspiração que veio da publicidade. A inspiração sempre foi o cinema ou a fotografia.

CINEMA • Roteiro pronto. E agora?

Algum roteiro à vista?

Estou com várias ideias. Tenho na cabeça uma comédia e algumas sinopses para dramas. Estou mais a fim de fazer do que nunca. Se não formos nós a correr atrás dos nossos projetos, ninguém vai fazer pela gente.

Curta-metragem

Uma das portas de entrada para o mundo do cinema ou, melhor, do longa-metragem, é o curta-metragem. Muitos cineastas de sucesso começaram desta maneira. Claro que o curta não é apenas um acesso, mas também uma forma de arte. Muitos profissionais consagrados continuam a fazer curta-metragem pela liberdade de expressão que dificilmente encontram ao realizar um longa-metragem.

Todas as técnicas ensinadas ao longo deste livro também se aplicam ao curta. O número de páginas do roteiro será menor, um curta-metragem tem no máximo trinta minutos, mas a estrutura de três atos é a mesma. O cuidado com o personagem, o *storyline*, o argumento, em resumo com tudo o que você aprendeu, deve ser colocado em prática.

Ver um roteiro de longa-metragem ser produzido e ganhar vida nas telas não é uma tarefa fácil, entretanto, ver isso acontecer com um roteiro de curta, sem dúvida, está muito mais ao alcance. Então aconselhamos, escreva um curta-metragem e lute para vê-lo produzido e finalizado.

Existem várias razões para fazer esse formato. Vamos falar das principais.

CINEMA • Curta-metragem

Experiência

Por mais que você estude, escreva e reescreva, enquanto um de seus roteiros não ganhar vida, como você saberá realmente o que funciona e o que não funciona? Como testará o humor dos diálogos? Como verá se a cena de suspense realmente deixou a plateia tensa? Eles gritariam na cena de terror que você colocou? Quando o seu herói beija a mocinha no fim, você ouviria suspiros na plateia? E o vilão? Ele é forte? Provocaria ódio no público?

Essas perguntas podem ser respondidas com a realização de um curta-metragem. É a chance de testar seu roteiro. Ver até que ponto você conseguiu envolver e emocionar a plateia. Além dessa experiência crucial, outras virão, também essenciais para melhorar sua habilidade de escrever. Você aprenderá sobre pré-produção, produção executiva, produção de objetos, figurino, locação, seleção de atores, equipamento, som direto, montagem, trilha sonora, *sound design*, correção de cor, efeitos, formatos e isso só para dizer o básico.

Ao produzir seu curta, você saberá quanto custa e o trabalho que dá cada cena, detalhe, palavra que você põe no roteiro. Curtas-metragens geralmente são feitos sem recurso financeiro nenhum, então, na hora de escrever o roteiro, pense na questão financeira e encontre alternativas para driblá-las. Vamos a exemplos de situações que o ajudarão a visualizar melhor o que suas escolhas podem acarretar e que aumentarão os custos de produção:

- Cenas noturnas. Metade da história acontece dentro de uma mansão à noite? Prepare-se para ter um bom diretor de fotografia e alugar mais equipamentos de luz. Assim, faça a seguinte pergunta: preciso de tantas cenas noturnas?

- Maquiagem. O vilão tem uma cicatriz profunda no rosto. Alguém terá que fazer uma maquiagem convincente nele. Isso acarretará, no mínimo, tempo perdido na sua diária de filmagem. Pergunte-se: é essencial esta cicatriz? Ela ajuda a contar a história?

Curta-metragem • **CINEMA**

- Há dezenas de figurantes em uma das cenas. Mesmo que todos estejam trabalhando de graça, não se esqueça de que para cada um deles você gastará com alimentação e transporte. Calcule bem o número de pessoas para não levar a mais, planeje soluções que possam diminuir isso. Talvez o diretor de cena – ou você, caso essa função também seja sua – possa trabalhar essa cena mais fechada.

- Filme de época. Se você escrever um roteiro que se passa em 1970, será muito mais caro do que um enredo que se passa nos dias atuais. Por quê? Figurino, objetos, locação, maquiagem, tudo isso terá que ser ou parecer de 1970. Portanto, prepare-se para gastar uma grande quantidade de dinheiro com aluguel ou compra disso tudo. E se tiver uma cena externa? Como você fará para as casas e os carros parecerem de época? Mais dinheiro.

É comum o roteirista iniciante, ao escrever um curta-metragem e arregaçar as mangas para financiá-lo, executar várias funções, dentre elas diretor de cena. Ninguém irá impedi-lo de dirigir o seu curta-metragem. Afinal, a história é sua e o dinheiro é seu. Contudo, o seu objetivo é mostrar para profissionais da área que seus roteiros podem virar bons filmes e isso você só conseguirá com um bom diretor de cena.

Não é fácil dirigir um longa-metragem, curta-metragem, comercial ou série para televisão. É um trabalho extenuante, que carrega todas as responsabilidades. Se a história não ficou bem contada, a culpa é do diretor que não revisou e sugeriu as mudanças necessárias no roteiro. Se a fotografia não está de acordo com a estética do filme, a culpa não será do diretor de fotografia, o diretor de cena que não o orientou direito. E isso vale para tudo, figurino, maquiagem, locação e atores.

Atores. Chegamos ao ponto crítico, razão pelo qual você deve ter um bom diretor de cena. Não é fácil dirigir atores, extrair deles aquilo que está no roteiro. A experiência já começa na fase de escolha. Como saber se aquela pessoa será um bom vilão? Como saber se a menina mais bonita que você conhece e que topou fazer de graça seu filme interpretará bem? Imagine que seu roteiro é perfeito, todos os aspectos técnicos e artísticos da produção foram resolvidos, mas os atores são péssimos. O que acontecerá? O roteiro será arruinado e seu curta-metragem ficará

CINEMA • Curta-metragem

uma porcaria. E qual a consequência? O filme não terá visibilidade. Não entrará em festivais. Quando um profissional da área recebê-lo ou assisti-lo *on-line*, assim que os péssimos atores entrarem em cena, o botão *STOP* será pressionado.

Você pode estar se perguntando: mas como faço para um diretor de cena se interessar pelo meu filme? Uma coisa você pode ter certeza, esse vai ser o problema mais fácil de resolver. Por quê? Simples. Diretores são loucos para encontrar uma boa história. E mais. Em geral, estão tão presos a regras de trabalhos profissionais, que a liberdade que terão em dirigir um curta-metragem é atraente demais para negarem. Portanto, escreva um bom roteiro e vá mostrá-lo.

Claro que, mesmo sem experiência, você pode ter um talento natural para dirigir. Se quiser arriscar, já será a primeira decisão importante. Desejamos toda a sorte do mundo para você. Apenas pense mais uma vez sobre o assunto.

Repertório

Com um bom curta-metragem em mãos, é muito mais fácil ter acesso e impressionar produtoras e profissionais da área.

Imagine a seguinte situação: você vai até uma produtora para uma reunião com um executivo. Conta um pouco sobre você e mostra alguns bons *storylines*. Um monte de outros roteiristas podem fazer o mesmo, e você nem ninguém sabe o que pode despertar o interesse daquele profissional. Entretanto, se tiver a oportunidade de mostrar seu curta ou deixá-lo para que ele veja depois, a chance de receber um retorno aumenta bastante.

Além disso, muitas vezes os profissionais da área estão ocupados demais para receber aspirantes a roteiristas, por isso, talvez sequer respondam seu e-mail. Se o curta-metragem estiver *on-line*, você pode anexá-lo à mensagem eletrônica, e isso pode funcionar como uma isca. Ter algo concreto para mostrar é de suma importância nesse mercado e pode mudar como as pessoas enxergarão você.

Curta-metragem • **CINEMA**

Networking

Hoje em dia, sem *networking* é quase impossível conseguir oportunidades de mostrar e vender seu trabalho. Mesmo se você escrever uma obra-prima, será difícil vendê-la. Ela pode simplesmente acabar embaixo de pilhas e mais pilhas de roteiros ao ser entregue pelos correios, ou não agradar a primeira pessoa que a ler na produtora – por não gostar do gênero – e ser descartada. Não queremos desanimá-lo, mas essa é a realidade.

O que você precisa, além de talento e dedicação, é boas conexões. Por isso, aconselhamos a não ficar isolado, trancado em casa, reclamando que o mercado é fechado e que ninguém tem interesse no gênero. Pelo contrário, saia e conheça pessoas.

E o curta-metragem é um excelente meio de fazer isso. Além das vantagens de repertório explicadas anteriormente, você poderá exibi-lo em festivais e mostras de cinema, festivais de entretenimento e internet.

São inúmeros os festivais e as mostras de cinema ao redor do mundo que incluem curta-metragem. E, nesses eventos, estão profissionais de todos os setores do mercado. Geralmente, são organizados *workshops*, palestras e encontros entre cineastas e produtoras e, claro, tem muita diversão. Afinal, você estará no meio de pessoas que também amam contar histórias e estão trilhando um caminho igual ou muito semelhante ao seu. Toda conversa que você tiver nestes festivais, por mais despretensiosa que seja, agregará experiência na sua carreira.

O mercado não é tão fechado quanto dizem. É possível entrar nele. Mostre que você entende e que está buscando aprimoramento. Escreva um curta-metragem e o realize. Faça-o tornar-se real. As chances de você crescer na carreira aumentam muito com essa experiência.

Ainda sobre *networking*, é claro que, realizando ou não um curta-metragem, há importantes atitudes e comportamentos que você deve tomar.

Faça cursos. Vá a seminários. Participe de *workshops*. Neles, você encontrará pessoas que estão no mesmo ponto, um pouco mais para trás ou um pouco mais avançados. Converse com todos. Troque experiên-

CINEMA • Curta-metragem

cias. Não tenha medo de falar sobre suas dúvidas, tropeços, sucessos. Seja sincero. A sinceridade conecta as pessoas e isso abre portas.

Prepare-se para falar e saiba o que dizer e como dizer. Seja claro. Nesses eventos, nunca se sabe quando você cruzará com alguém do mercado que possa se interessar por um roteiro seu ou que tenha algo em mente e que veja na sua capacidade uma boa oportunidade de desenvolver o projeto.

Crie e/ou participe de grupos de leitura. Opiniões sobre seu trabalho são sempre bem-vindas. Não se deixe levar pelos elogios, em geral já sabemos quais são os trechos fortes do nosso trabalho.

Como iniciar o seu curta-metragem

A seguir, listamos e explicamos um pouco os pontos básicos para você iniciar o seu curta-metragem.

Roteiro

Escreva algo único e inédito. Encontre uma nova perspectiva para o gênero que escolher, se quiser ter um gênero definido. Você é livre para fazer o que quiser. Aproveite a chance agora, porque quando se tornar profissional, centenas de fatores limitarão a sua visão sobre a história que deseja contar. Só não se esqueça de mostrar que você conhece as regras e as técnicas do jogo.

Seja econômico. Como dissemos anteriormente, cada palavra gerará custos para a produção. Não adianta escrever um roteiro sobre um piloto de caça da Segunda Guerra Mundial, se você não tiver recurso financeiro ou acesso gratuito aos elementos de cena. Tente escrever uma história que possa ser filmada em uma diária e, de preferência, em uma locação. Muitas pessoas trabalharão de graça para você por um dia, agora peça para que eles façam isso por uma semana e sua equipe desaparecerá como mágica. Evite crianças. Elas podem ser adoráveis, mas são atores muito mais difíceis de controlar, cansam mais rápido e muitas vezes não entendem o quanto foi difícil armar toda a produção e acabam desistindo.

Curta-metragem • **CINEMA**

Pré-Produção

Nessa etapa, você deve planejar como realizará todos os detalhes de seu filme. Primeiro, monte a equipe: diretor de cena, produtor, diretor de fotografia, diretor de arte, produtor de locação, figurinista, etc. Se conseguir um produtor e um diretor de cena do mercado, eles trarão outros profissionais para o projeto. Então não seja tímido. Vá atrás e mostre o seu roteiro.

Faça um *shooting board*. Isso poupará muito tempo durante a filmagem. Ninguém da equipe ficará perdido tentando lembrar o que filmar em seguida. Produzir o *shooting board* é função do diretor com um ilustrador, entretanto, participe, você terá a chance de aprender muito sobre contar histórias visuais.

Arranjada a equipe, deve-se tomar as seguintes decisões: quanto é o orçamento? Onde vamos filmar? Qual o equipamento? Qual é a previsão de tempo? Que horas começa e termina? Quantas cenas serão feitas? Precisa produzir figurino e objeto? A locação aguenta a luz de cinema? Para as cenas externas, é necessário autorização da prefeitura?

Essas são as questões básicas e variam muito de acordo com o roteiro.

Encontre seus atores. O ideal é produzir um teste de elenco. Se na equipe houver um produtor de elenco, ele sugerirá algumas pessoas com as quais já trabalhou ou tem boa fama no mercado. Se for possível, teste e grave para analisar depois. Se estiver em dúvida, teste mais e mais. Nunca perca o foco que as histórias são sobre personagens, e os seus personagens ganharão vida nas interpretações dos atores selecionados.

Produção

Agora é a hora em que todas as perguntas e respostas da pré-produção devem ser resolvidas.

Definiram como é a locação? Encontre-a. Peça emprestado ou alugue. Se for algum ponto comercial, como uma lanchonete, você pode oferecer em troca colocar a logomarca dela nos créditos.

CINEMA • Curta-metragem

Uma boa maneira de definir produção é "chegou a hora de conseguir tudo". Então, trace metas, alternativas, seja insistente e não desista. O objeto de cena, a roupa, a luz, o equipamento estão em algum lugar, é só achar.

Chegou o tão esperado dia de filmar, melhor, de gravar. Filmar é uma expressão usada quando a câmera é de filme, 35 mm ou 16 mm. No seu caso, assim como na maioria das produções profissionais, por uma série de boas razões, o formato digital chegou há alguns anos para ficar.

O dia da gravação é quase uma gincana. Centenas de tarefas para resolver contra o tempo. Os atores chegaram? Foram maquiados? A luz da primeira cena está montada? Cadê o assistente? Tudo é dinâmico, excitante e muito cansativo também.

Ajude no que for preciso, mas deixe as questões técnicas a quem pertence tal função; a sua é ter o foco na história. Tente perceber se o roteiro está tomando vida como você idealizou.

Muitas vezes, os atores mudam um pouco os diálogos, colocam cacos, improvisam. Deixe isso acontecer e analise se está melhor ou pior. Se forem profissionais, estão no controle e tentando colocar mais verdade na interpretação e nas falas.

Pós-Produção

Tudo gravado. As imagens estão no computador. Agora chegou a hora de montar o filme. Mais uma vez, você pode fazer isso, existem dezenas de *softwares* fáceis de operar, mas recomendamos que você chame um montador profissional. É como ter ou não um diretor de cena.

Se conseguir um que tope montar o curta, fique ao lado dele durante o processo. Não tem lugar melhor do que uma ilha de montagem para conhecer o ritmo de um filme, saber como encaixar todas as peças e centenas de outros elementos. É ali que você verá o seu filme ganhando vida. Todas as possíveis falhas de roteiro, direção e produção aparecerão. Absorva tudo para não cometer os mesmos erros da próxima vez.

Depois de o filme montado, uma série de processos pode acontecer ao mesmo tempo. Enquanto o curta vai para a trilha e o *sound design*, os efeitos, a correção de cor – fundamental para formar a atmosfera correta do filme, afinal um filme de terror, por exemplo, não pode ter as cores vibrantes e alegres de um musical para crianças –, os letreiros de abertura, os créditos podem estar em produção também.

Curta-metragem pronto. E agora?

Finalmente, depois de muita dedicação, o seu roteiro virou filme. Saiu do papel e pode ser exibido nas mais diferentes plataformas. Você tem o primeiro trabalho de seu portfólio e o *networking* ficará mais fácil.

Não perca tempo. Pesquise na internet os festivais nacionais e internacionais em que ele se encaixa. Existem diversas mostras de cinema, que não são competitivas, e que você pode encontrar lugar para divulgação. Faça uma lista de pessoas para as quais gostaria de mostrar o filme. Crie o seu perfil no Vimeo, no Youtube, ou no site de vídeos que preferir e comece a mostrar seu trabalho para *blogs*, *sites* de cinema e mídias sociais.

Antes disso, dê uma checada se os festivais que você mandou não têm como regra o curta-metragem não estar na internet. Se for o caso, espere um pouco para saber se foi selecionado ou não selecionado.

A única coisa que você não pode fazer com o seu trabalho é deixá-lo parado. Divulgue!

A seguir está o roteiro do curta-metragem, *Sadness* de autoria de André Schuck. Quem fez o *shooting board*, essencial para a pré-produção, foi Luis Baleiron. No dia da gravação, todas as cenas foram colocadas em uma cartolina, na sequência que deveriam ser gravadas, não na sequência da história, e foram pregadas em uma das paredes da locação. Assim, todos da equipe sabiam o que viria a seguir e não se perdia tempo explicando a cada um onde e como seria a próxima cena.

O roteiro que você lerá é a versão final e, mesmo assim, notará pequenas mudanças feitas no *shooting* e no curta-metragem pronto. A cada

CINEMA • Curta-metragem

cena descrita, a ilustração correspondente do *shooting board* estará logo a seguir.

Você tem duas maneiras de aproveitar este material. A primeira é ler o roteiro, compará-lo com as ilustrações e depois assistir ao curta-metragem. Caso faça isso, não haverá mais surpresas quando assistir ao filme. Porém, compreenderá melhor as etapas e o resultado final.

A segunda é assistir ao curta e depois voltar aqui para estudar o roteiro e as ilustrações. Neste caso, você terá as surpresas do curta e também descobrirá o processo para chegar a ele.

Para assistir ao curta, basta apontar a câmera do seu dispositivo para o *QR Code* ou acessar a página *andreschuck.com* por meio do seu navegador.

148

SADNESS

EXT. RUA RESIDENCIAL – MANHÃ
Um homem, quarenta anos, caminha por uma calçada. As residências, ao longo da rua, são mansões de muros altos. A passos largos, sem prestar atenção ao redor, ele carrega uma caixa branca de papelão.

Duas ruas depois, chega a uma mansão. Diferentemente das outras residências, em vez de um muro alto, esta tem apenas uma cerca branca de ferro. Atrás dela, é possível ver um jardim malcuidado, com mato alto em alguns pontos. As paredes da casa estão sujas e vê-se uma grande porta branca encardida e descascada.

O homem abre o portão, atravessa um caminho de pedras e chega à porta. Pega uma chave no bolso, coloca-a na fechadura e abre a porta. As dobradiças rangem alto.

CINEMA • Curta-metragem

INT. HALL - MANHÃ
Ele entra em um pequeno *hall*. Embora malcuidado, com aspecto de abandonado, é evidente tratar-se de um local que um dia já foi luxuoso. A luz ambiente é apenas a que entra pelos vidros da porta e das janelas. Ele tranca a porta e sai do cômodo.

INT. COZINHA – MANHÃ
O homem entra na cozinha. O ambiente de decadência permanece. Ele põe a caixa em cima da pia, suspira, apoia as mãos ao redor da caixa e permanece imóvel de cabeça baixa.

Curta-metragem • **CINEMA**

Alguns segundos depois, solta o ar, como se estivesse pronto para realizar uma tarefa dolorosa de cumprir.

Abre a caixa e retira um bolo. Sem perder tempo, agindo de modo mecânico, põe o bolo em cima de uma bandeja e o leva para fora da cozinha.

INT. CORREDORES – MANHÃ

Ele caminha por corredores decadentes. Ladeado por diversos quartos, alguns com porta fechada, outros, aberta. Não se vê mobília por onde ele passa. A fonte de luz continua sendo apenas a natural, proveniente de janelas e claraboias.

 **CINEMA** • Curta-metragem

INT. QUARTO DE CRIANÇA – MANHÃ
O homem entra em um quarto. Contrastando com todo o resto da casa, o cômodo está impecável. Paredes pintadas de rosa, decorado com bichos de pelúcia, bonecas e almofadas coloridas. No centro do cômodo há uma mesa de criança com quatro cadeiras ao redor. O único objeto no móvel é um porta-retrato. Nele, vê-se a fotografia de uma menina de aproximadamente 5 anos.

Ele ajoelha ao lado da mesa e coloca o bolo no centro. Abre uma caixa e começa a enfeitar o móvel. Primeiro coloca quatro pratos coloridos, depois copos rosa, guardanapos e talheres de plástico. Assim que termina, pega alguns balões da caixa e começa a enchê-los. Por último, ele coloca uma vela no formato do número 2 em cima do bolo, depois outra vela com o número 1, formando assim o número 12.

Curta-metragem • **CINEMA**

EXT. RUA RESIDENCIAL – MANHÃ
Duas meninas, por volta de doze anos, usando uniforme escolar e mochila nas costas, estão caminhando em uma calçada enquanto conversam animadas. Em segundo plano, um carro entra na rua.

153

 **CINEMA** • Curta-metragem

INT. CARRO – MANHÃ
O homem, que há pouco estava na casa, dirige o veículo. Ao passar pelas meninas, ele diminui a velocidade, baixa o vidro da janela, as observa por um instante e segue adiante.

EXT. RUA RESIDENCIAL – MANHÃ
Distraídas, as meninas não reparam no que acaba de acontecer e continuam seu trajeto.

INT. CARRO – MANHÃ
Ele estaciona o carro vinte metros à frente, abre o porta-luvas e pega uma pistola.

Passa a observá-las pelo espelho retrovisor. Quando estão mais próximas, quase ao lado do carro, ele respira fundo e abre a porta do veículo.

INT. QUARTO DE TV – DIA
As duas meninas estão amarradas em cadeiras de madeira e amordaçadas com fita adesiva. Seus rostos estão sujos de suor e lágrimas. Em frente a elas, o homem está em pé ao lado de uma televisão desligada.

HOMEM
(emocionado)

Hoje é um dia muito importante para a minha filha. Para mim também, é claro. E a gente está muito feliz que vocês estão aqui. Eu vou botar um vídeo.

CINEMA • Curta-metragem

Ele senta ao lado delas, aperta o botão *play* no controle remoto e faz um gesto para que parem de choramingar. O vídeo de uma menina, a mesma da foto, em diversas situações, sempre feliz e sorrindo, começa a passar na televisão.

Os três assistem ao vídeo. As meninas estão apavoradas, entreolham-se a todo instante, mas olham pouco para o homem. Ele, parecendo alheio ao desespero delas, faz comentários sobre o vídeo como se todos ali fossem amigos e estivessem se divertindo.

Curta-metragem • **CINEMA**

HOMEM
(feliz)
Ela na escola. O aniversário de dois anos. Comendo morango. Linda!

INT. QUARTO DE CRIANÇA – DIA
O homem e as duas meninas estão sentados ao redor da mesa de criança. Elas estão com as mãos livres, mas continuam amordaçadas.

 **CINEMA** • Curta-metragem

HOMEM
(calmo)
Eu vou soltar a mordaça para que possam cantar comigo. Se vocês gritarem ou fizerem qualquer outra coisa, eu não vou pensar duas vezes antes de machucá-las. Vocês prometem que não vão gritar?

Elas concordam com um aceno de cabeça.

HOMEM
Ótimo! É muito importante que vocês cantem o Parabéns direitinho.

Ele tira a mordaça das garotas e acende as velas.

HOMEM
Prontas?

Ele começa a cantar. Mesmo aterrorizadas, as duas cantam com ele. Logo fica evidente que uma das meninas (1), não está aguentando a pressão. Aos poucos, ela para de cantar e começa a suplicar pela vida.

Curta-metragem • **CINEMA**

MENINA (1)
Moço, não me mata. Por favor! Ele vai me matar. Ele vai me matar.

A outra menina (2) para de cantar.

MENINA (2)
Fica calma.

MENINA (1)
Ele vai me matar. Eu não quero morrer.

MENINA (2)
Fica calma.

Ele para de cantar e começa a gritar.

HOMEM
Fala para ela parar. Ela tá estragando o aniversário.

Mesmo com a amiga suplicando. A menina (1) não consegue parar de chorar e gritar.

HOMEM
Cala a boca! Você está estragando o aniversário.

MENINA (1)
Por favor, não me mata.

HOMEM
Cala a boca! Cala a boca!

CINEMA • Curta-metragem

A gritaria aumenta muito na sala. Os três se descontrolam. Ele fica em pé, puxa a pistola da cintura, coloca na cabeça da menina (1) e dispara.

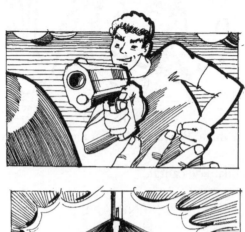

A menina (1) cai da cadeira. Morta. A menina (2) olha o corpo da amiga. Ela chora muito e parece que também vai entrar em choque.

HOMEM
Cala essa maldita boca! Quer acabar como ela?

Ela olha para o homem e tenta controlar o choro. Ele senta na cadeira, põe a mão no rosto e fica alguns segundos em silêncio.

HOMEM
Vocês prometeram. Não prometeram?

Curta-metragem • **CINEMA**

Ela morde os lábios. Tenta controlar o choro, enquanto concorda com um gesto da cabeça. Com o semblante muito mais sério e pesado, ele olha para o vazio.

HOMEM

De novo.

Eles voltam a cantar a música do início. Aos poucos, ele desaba emocionalmente. Abaixa a cabeça, leva as mãos ao rosto e começa a chorar. A menina percebe a chance de escapar. Sem perder tempo, levanta e corre para fora do quarto.

161

INT. CORREDORES – DIA
Ela percorre um corredor o mais rápido que pode.

INT. QUARTO - DIA
Ela entra em um quarto, se aproxima da porta, que dá para um jardim, tenta abri-la, mas não consegue. Sai correndo do cômodo.

INT. CORREDORES - DIA
A menina dispara pela casa. Ao fazer uma curva para entrar no corredor principal, quase perde o controle, mas consegue permanecer em pé.

INT. *HALL* – DIA
Ela chega ao *hall*. Tenta abrir a porta da casa repetidas vezes, mas não consegue. Sai correndo mais uma vez em busca de outra rota de fuga.

Curta-metragem • **CINEMA**

INT. CÔMODOS DA CASA – DIA
Ela passa por vários lugares da mansão. Testa diversas portas, sem que nenhuma abra. Sente-se cada vez mais cansada. Imagens do homem matando a amiga começam a interferir em seu raciocínio. Exausta e confusa, ela encosta a uma parede. Senta no chão e logo perde os sentidos.

INT. CÔMODOS DA CASA – NOITE
Ela acorda. O cômodo está escuro. A pouca luz do ambiente vem de fora da casa, do luar e das lâmpadas nos postes da rua. Ela levanta, olha para os lados e sai correndo. Encontra mais uma porta. A menina gira a maçaneta, mas a porta não abre.

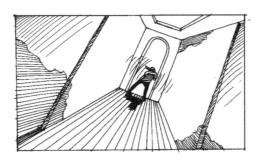

 **CINEMA** • Curta-metragem

Sai de lá e entra em um quarto. Aproxima-se da janela. Ela parece ver alguém do lado de fora da casa e grita por socorro.

MENINA
Ei! Ei! Eu tô aqui. Socorro.

Pouco depois, ela desiste, abaixa a cabeça e choraminga um pouco. Exausta, sem conseguir correr, sai andando do quarto.

INT. SALA PRINCIPAL – NOITE
A menina entra na sala principal. A alguns metros à frente, vê o homem sentado no chão de cabeça baixa. Ela começa a tremer.

HOMEM
Não adianta tentar fugir. A casa está toda trancada.

Ele respira fundo e encara a menina.

HOMEM
Olha! Eu não sou uma pessoa má. Não sou.

Sem saber o que fazer, ela volta a chorar em silêncio.

HOMEM
Sabe, se a minha filha fosse viva, ela teria a sua idade. Seria exatamente como você.

A voz dele começa a embargar.

HOMEM
Ela iria para a escola. Ela estaria aqui. Eu poderia abraçá-la. Ouvir sua voz.

Ele para de falar e controla a emoção.

HOMEM
Não se preocupe. Você não vai ficar aqui muito mais tempo.

Ele ajoelha e pede.

HOMEM
Me dá um abraço? Só um abraço?

 **CINEMA** • Curta-metragem

A menina nega com a cabeça, mas, passo a passo, vai em direção a ele.

HOMEM
Eu sei que você não é ela. Mas talvez eu possa me enganar um pouco.
Por favor.

Hesitando, ela chega até ele, ajoelha e o abraça. Ele retribui o gesto e começa a afagar os cabelos dela.

HOMEM
Ela morreu seis anos atrás numa cama de hospital. O maior medo dela era ficar sozinha no escuro. Por isso, a cada aniversário, eu trago mais meninas.
Para que ela nunca fique sozinha.

Curta-metragem • **CINEMA**

Ele a abraça com mais força e volta a se emocionar.

HOMEM
É por isso que você não vai poder ir embora.

A menina tenta se soltar, mas ele a segura com mais força.

HOMEM
Eu sinto muito!

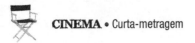
CINEMA • Curta-metragem

Ela começa a chorar alto. Com a mão direita, o homem pega a arma escondida na roupa e volta a abraçá-la.

HOMEM
Eu sinto muito!

Ele perde de vez o controle emocional.

HOMEM
Filha! Que saudade, filha!

Ele coloca a arma na barriga da menina e dispara. O corpo dela fica tenso por um segundo. Em seguida, cai nos braços dele.

Ele chora muito enquanto faz carinho no cabelo dela.

168

HOMEM
Papai está com saudades, filha.

INT. QUARTO DE CRIANÇA – NOITE
O pavio da vela, agora derretida, ainda está aceso. Ouvimos uma voz cantarolando e com um sopro a chama é apagada.
Fade-out.

Trailers e Booktrailers

Realizar um curta-metragem lhe trará outras vantagens. Você terá a habilidade de produzir *trailers* para seus roteiros e *booktrailers* para seus romances. Estes dois formatos irão ajudar, e muito, a levar suas obras ao mercado, seja ele, as salas de cinema ou as livrarias.

Vamos começar pelos *trailers*.

Como já dito ao longo deste livro, depois de pronto, você precisará vender seu roteiro, afinal ele é um produto em suas mãos. E, como o ditado, a propaganda é a alma do negócio, está correto, arregace as mangas e aumente suas chances de despertar o interesse de profissionais do mercado.

Se você fizer um *trailer* onde a premissa e a atmosfera do roteiro fiquem claras, e deixar o espectador, ou seja, o comprador em potencial, ficar com aquele gostinho de quero ver mais, o seu *trailer* foi bem-sucedido e um passo gigantesco foi dado rumo ao sucesso.

CINEMA • Curta-metragem

Agora você pode estar pensando: Mas eu fiz um roteiro repleto de efeitos especiais, dinossauros, espaçonaves, paisagens fantásticas, perseguições de carro, como vou filmar tudo isso?

Bom, um dos requisitos básicos para se escrever é ser criativo, então, invente uma maneira simples, de mostrar isso. Vamos a alguns exemplos:

A Profecia (2005)

Em plano sequência, a câmera passa por um *rottweiler*, chega as costas de um garoto sentado em um balanço e se aproxima de seu rosto até revelá-lo. O menino olha para a câmera, encarando o público. Cheio de maldade em seu olhar, ele abre um pequeno sorriso. Neste momento, entra a trilha cheia de suspense para marcar a atmosfera do filme. Corta para uma tela preta. Entram os letreiros: No 6º dia, do 6º mês, do 6º ano, o dia dele chegará. Então, em *fade-in*, o número 666, aparece.

De Volta para o Futuro

Plano fechado no tênis de alguém andando na rua até chegar a um carro. Entram detalhes de pneu, porta abrindo, painéis com luzes, cabos e botões. Corta para a janela do carro descendo, uma voz em *off* pergunta ao motorista: Quão longe você vai? Ele levanta o óculos do rosto e responde: Mais ou menos trinta anos. Entra a trilha e letreiro com o nome do filme.

Ambos são fantásticos e tem produções simples. No primeiro, a locação é um parque, temos um cachorro e um ator. No segundo, uma rua qualquer, um carro qualquer, algumas luzes e cabos que não requerem grande produção, e um texto maravilhoso no final.

Ou seja, use sua criatividade e você encontrará uma maneira de produzir seu trailer, de forma eficiente.

Vale a pena citar também, a inciativa do diretor Robert Rodriguez para convencer Frank Miller a tornar uma de suas obras primas, *Sin City*, um filme.

Rodriguez produziu um curta-metragem baseado em uma das histórias dos quadrinhos de Miller. Quando Rodriguez apresentou o filme, disse que se Miller não gostasse, poderia simplesmente guardá-lo. Caso apreciasse a obra, ela seria usada como abertura do filme. Miller aprovou o curta e assim a produção foi realizada.

Vamos, então, aos *booktrailers*.

Primeiro, porque razão falar de booktrailers em um livro de roteiro? Simples, muitos escritores de romances se interessam em aprender a estrutura da escrita para a sétima arte em busca de aprimoramento e diferentes perspectivas. Além do mais, caso você conheça algum romancista, pode se oferecer para escrever o roteiro do *booktrailer* dele. Que tal? Vai em frente. É mais simples que um curta e pode ser genial e fazer seu trabalho aparecer.

Segundo, um *booktrailer* segue as mesmas premissas de um *trailer*. Sem nenhuma diferença. Um é feito para roteiro e o outro para livro. Ponto final. Lembre-se do que falamos há pouco. Deixe a premissa e a atmosfera claros, e faça com que o espectador queira saber mais sobre a sua história.

Mesmo que você já tenha conseguido sua publicação, vale a pena lançar um *booktrailer*. Será o comercial do seu livro.

Agora um exemplo um pouco mais pessoal. Pouco é exagero. Ele é totalmente pessoal.

Após o lançamento do meu primeiro livro, *Vingança*, fiz um *booktrailer* para promovê-lo no Brasil. O James, que me assessorou na escrita da obra, mostrou o *booktrailer* a um editor em Portugal. O resultado? Dois meses depois, o livro foi publicado do outro lado do Atlântico.

Como nos *trailers*, a questão, o livro tem muitos elementos impossíveis de filmar sem recursos, não é válida. No *Vingança*, existem perseguições pelo Brasil, tiroteios na Espanha e o cenário na Itália é nada mais nada menos que o Vaticano. Mesmo assim, encontrei uma maneira simples de passar a atmosfera e a premissa do livro em uma cena.

CINEMA • Curta-metragem

A seguir colocamos um *QR Code* para você poder assistí-lo.

Com estas e muitas outras portas que podem se abrir graças a um *trailer* e *booktrailer*, recomendamos que você leve em consideração realizar um. Boa sorte e lembre-se, seu limite não são os recursos, apenas sua imaginação.

Séries para televisão

A qualidade, a complexidade e a quantidade de séries para televisão cresceu muito nas últimas duas décadas. Aos poucos, elas tomaram o coração e o tempo dos telespectadores. E isso é ótimo. Afinal, quanto maior a procura por histórias únicas e bem contadas, maior o campo de trabalho e as chances de um roteirista iniciante achar seu espaço no mercado.

Uma das perguntas mais frequentes sobre esse formato é o que tem feito dele um sucesso tão grande. Vamos aos principais fatores.

Enquanto o cinema tem se concentrado, cada vez mais, em *remakes* de filmes que foram sucesso de bilheteria, continuações e em enredos que não arriscam muito, as séries para televisão têm feito o oposto. Inovado. Procurado histórias diferentes.

Personagens fortes, a que nos conectamos durante um longa-metragem, podem se tornar parte de nossa família em uma série para televisão. Isso ocorre pelo tempo em que ficaremos juntos.

Vamos usar a série *Dexter* como exemplo. No cinema, teríamos duas horas de conexão com o personagem. Claro que iríamos gostar dele e querer mais. Contudo, até sair uma sequência, teria passado muito tempo. Enquanto que, na série, toda semana temos a companhia de Dexter por uma hora e ao longo de vários meses.

CINEMA • Séries para televisão

Além disso, tem-se a oportunidade de usar todo o poder de *storytelling* em um arco de um personagem que sofre mudanças durante várias temporadas. Mr. White de *Breaking Bad* é um bom exemplo para ser estudado. A mudança que ele sofreu ao longo das cinco temporadas é muito bem aplicada. De professor de ciências sem muita coragem e com os dias contados por causa de um câncer, ele se transforma em um traficante sanguinário e obcecado. De mocinho do filme, ele vira o vilão.

No começo da série, torcíamos para que ele conseguisse a cura para a doença e se salvasse das confusões geradas pelo tráfico – praticado apenas para garantir o sustento da família quando ele morresse. No fim, embora ainda adorássemos o personagem, sabíamos que ele deveria pagar por todas as atrocidades que cometeu e sofrer as consequências por seus crimes.

Os canais que oferecem conteúdo por *streaming*, como o Netflix, por exemplo, têm um importante papel na popularização das séries.

Um dos grandes problemas que a maioria das pessoas enfrenta é conseguir estar na frente da televisão determinado dia e horário. Pode ser até que muitas consigam, mas se você é como nós, sem horário fixo de trabalho, ou com filhos que não dormem cedo e ficam assistindo a desenhos animados até tarde, bem no horário dos melhores *shows*, ou mesmo se gosta de sair e ter uma vida social ativa, fica difícil acompanhar uma série.

Graças a esses serviços, podemos consumir as séries a hora que quisermos. Não conseguiu ver, quarta à noite, o novo episódio de *True Detective*, que tal assistir no sábado pela manhã?

Outra questão frequente, sempre em pauta, é a diferença entre escrever longa-metragem e série. Vamos às principais, sem nunca nos esquecermos de que longas e séries são mídias diferentes.

Em um longa-metragem, o protagonista já tem o arco do personagem estabelecido, o que não acontece com frequência em uma série, já que a audiência deseja que o personagem permaneça o mesmo. A diferença é que em um filme, nós adoramos ver o aprendizado, a mudança, a evolução do personagem, do contrário, saímos decepcionados do cinema.

Séries para televisão • **CINEMA**

Em uma série, nem sempre a mudança é necessária ou bem-vinda. Tome como exemplo o Jack Bauer de *24 Horas*. Ele pode até mudar em alguns detalhes, contudo, a sua base, o seu modo de pensar e de agir continua o mesmo. Ele é obcecado pela justiça, não mede as ações e as consequências que terá em sua vida pessoal. É isso o que amamos nele.

Além de Jack Bauer, selecionamos alguns personagens que pouco mudaram ao longo de uma ou mais temporadas:

- Dexter: o assassino em série preferido de muitas pessoas.
- Joey: o bonitão cabeça fresca do seriado *Friends*.
- Sheldon Cooper: o físico antissocial e paranoico.
- Charlie Harper: o boa vida irresponsável.

Claro que algumas séries terão arcos de personagens com grandes mudanças. Voltemos ao *Breaking Bad*. Mr. White passa de professor a um traficante sem limites. Jesse Pinkman, de traficante viciado e inconsequente, torna-se a única pessoa capaz de impor limites morais a Mr. White, o que nos faz ansiar para que ele tenha um final ao menos digno. A esposa de White, Skyler, também deixa de ser uma mulher cheia de moral e vira comparsa de White.

Há mais ramificações e tramas em uma série para televisão. Isso acontece por causa da duração, ou seja, é necessário gerar mais conteúdo, o que envolve mais personagens. Como consequência, temos, a cada episódio, a presença mais marcante de um personagem. Um bom exemplo é a série *Game of Thrones*, a exposição de cada protagonista muda conforme a trama e a subtrama do episódio. Importante ressaltar que, muitas vezes, a exposição do personagem também é influenciada pela empatia que ele criou com a audiência. Assim que se comprova o desejo do público, os roteiristas mudam imediatamente os caminhos da história para dar mais destaque ao "queridinho".

Uma série tem muitas tensões a serem resolvidas. Diferentemente dos longas-metragens, em que nenhuma questão principal se mantém na sequência – salvo exceções como as trilogias filmadas em episódios, por exemplo *Senhor dos Anéis* –, as séries podem responder às questões,

CINEMA • Séries para televisão

quatro, cinco episódios depois de serem feitas. É possível dar o que o espectador quer apenas cinco horas depois, e isso ainda ajudar a manter a televisão ligada.

Já que falamos de manter a televisão ligada, aqui adicionamos mais um elemento: voltar a assistir ao próximo episódio uma semana depois. Aproveitamos para deixar bem claro que é isso o que importa para produtores, acionistas, departamento de marketing, vendas, etc. É por isso que eles pagam para que a equipe faça um programa bom o suficiente. Eles querem garantir que o público volte na semana seguinte, assista via *streaming*, compre as temporadas em DVD, consumam os produtos licenciados e, como consequência, gerem dinheiro.

Nunca se iluda. Escrever para cinema ou televisão é uma forma de arte, mas deve ser encarado também como um produto.

Produto. Essa é outra diferença ao escrever séries. Depois de alguns minutos, você tem que colocar um gancho, porque é a hora de vender produtos. Ou seja, cada episódio é dividido em blocos que são alternados para a entrada dos comerciais. Portanto, as séries são cheias de ganchos para fazer o público ficar curioso com o que vai acontecer e esperar os minutos dos comerciais sem mudar de canal para não perder um segundo sequer do próximo bloco. Um *show* de uma hora de duração tem, em geral, quatro blocos de comerciais.

O roteiro para o cinema é uma forma de arte colaborativa. Depois de acabado, vendido e entregue ao estúdio, você ainda terá que trabalhar em cima dele por causa dos pontos de vistas do diretor, produtor executivo, distribuidores, departamento de marketing, etc.

Em uma série de televisão, a colaboração é ainda maior. Além de tudo isso, você fará parte integral da equipe. É muito provável que não seja um *freelancer*, mas um contratado do estúdio até o fim da série.

A participação maior do roteirista acontece porque esse formato é mais suscetível a mudanças. Pense nos elementos que citamos: mudança de trama e subtrama, o público querer ver mais um determinado personagem, o ator tornar-se um problema no fim da primeira temporada e você já ter escrito metade da segunda e assim por diante.

É comum as séries de sucesso serem formadas por equipes de roteiristas. Os prazos são muito menores. Digamos que você está em casa escrevendo um roteiro de longa-metragem que ainda será mostrado a alguém na esperança de vê-lo produzido. Não importa o tempo que você leve para escrever porque seu roteiro não tem data para entrar em produção. Mesmo que você já esteja escrevendo um roteiro para um estúdio, uma adaptação de um romance que vendeu milhões, o seu prazo será de alguns meses para a primeira versão e depois terá mais prazo para reescrever. Em uma série para televisão é comum, muito comum, darem ao escritor uma semana, quinze dias para a entrega do próximo episódio. E estamos falando de roteiro com cinquenta e três minutos de duração. O que significa que você ainda terá de reescrevê-lo em um prazo menor. Se você sofre com bloqueios, esqueça. Pode até continuar a sofrer com eles, mas não pare de escrever porque um monte de empregos depende de você.

Depois que um dos roteiristas escreveu o episódio designado para ele – a premissa já tinha sido definida antes de começarem a trabalhar –, ele o apresenta. Se for aprovado, o episódio será reescrito mais uma vez por membros específicos da equipe. Eles turbinarão o roteiro. Ou seja, se for uma comédia, deixarão as piadas mais engraçadas, afinarão os tempos dos diálogos para que funcionem melhor; se for um suspense, buscarão formas de aumentar a tensão e o mistério.

Após esta etapa, o roteiro é apresentado aos atores em uma sessão de leitura. Neste momento, ficará claro o que irá ou não funcionar. Assim, mais uma vez os roteiristas reescreverão o episódio. Pelo menos, mais duas etapas de leitura devem acontecer, o que, como você já deve estar percebendo, significa reescrever e reescrever até que fique perfeito.

Neste momento, o prazo para a entrega da versão final está cada vez mais próximo, e os produtores já estão mirando seu pescoço. Um dos maiores pecados capitais de um escritor é não cumprir o prazo exigido pelo estúdio. Quanto antes for entregue, mais tempo será dado à produção para preparar toda a estrutura, diminuir custos e, sobretudo, evitar erros que deixem o episódio fraco.

CINEMA • Séries para televisão

Em 2013, o sindicato dos escritores norte-americanos, WGA, fez uma lista com os cem melhores programas de televisão, levando em consideração seriados infantis, *sitcoms* clássicas e *talk shows*. A série *Família Soprano* foi eleita a melhor entre todas.

Família Soprano, sem dúvida, é uma série que recomendamos a você assistir. São seis temporadas que podem ser encontradas à venda em lojas especializadas ou via canais de *streaming*. Então não há desculpa. Dê um jeito e assista.

Além de ser uma valiosa lição, temos certeza de que você irá adorar. Caso já tenha assistido, faça-o novamente. Com tudo o que você aprendeu, verá a série desta vez com outros olhos e perceberá como certos aspectos foram construídos, com quais intenções e por que eles o afetaram da primeira vez.

A série conta história de uma família de mafiosos estabelecida em Nova Jersey e liderada por Tony Soprano. Em seu cerne, aborda relações familiares, lealdade, política, amor e ódio, religião, sonho americano, ganância e muito mais. O criador da série, David Chase, conta que a grande sacada é a depressão de Tony e as muitas contradições do personagem. Esse é um dos maiores conectores da audiência com o protagonista: hoje a corrida por sucesso tornou-se tão grande que a pressão da sociedade nos torna suscetíveis a tamanho estresse e insegurança que nem um chefe da máfia poderia resistir. Como um dos roteiros que você deve estudar, isso fez de Tony, ao contrário dos personagens de *O Poderoso Chefão*, um homem mal e violento, mas surpreendentemente humano.

Misture todos estes elementos a um pacote de excelentes atores, roteiro muito bem construído, diálogos verossímeis que não se arrastam ao longo do episódio – o que é bastante comum em seriados de sucesso –, personagens com características e lutas internas que enfrentamos todos os dias, e temos uma excelente série. O canal apostou em não colocar comerciais, o que deixou a história fluir melhor sem a necessidade de quatro ganchos por hora. Muitos profissionais do mercado norte-americano teorizam que *Família Soprano* levou as séries de televisão a um novo patamar. Com o sucesso dela, canais, produtoras e executivos perceberam que, nesse formato, havia uma grande chance de tramas mais complexas, novas abordagens e que o risco valia a pena.

Toda a equipe de uma série trabalha visando ao sucesso do *show* para que uma nova temporada seja feita. É isso que garantirá trabalho por mais um ano e consequentemente o pão e o leite na mesa. O que, sem dúvida, aumenta a pressão em cima dos roteiristas, afinal são eles os responsáveis por criar e contar histórias únicas que a televisão procura.

As produtoras brasileiras começaram recentemente a produzir séries e programas com mais frequência para os canais a cabo. Bons *shows* têm aparecido e muitos outros ainda virão. Contudo, em comparação à indústria norte-americana, ainda estamos bem no começo, afinal, ela trabalha o formato há décadas, portanto, já deu muitos tropeços para aprender quais fatores ajudam alavancar uma série. Nos EUA existem faculdades com cursos especializados, centenas de *workshops* anuais e famosas convenções onde aspirantes a escritor têm a oportunidade de encontrar os profissionais de mercado, aprender com eles e mostrar seus trabalhos.

Temos certeza de que chegaremos a esse ponto, talento criativo é o que não falta no Brasil.

O crescimento de séries e programas tem aumentado a oferta de emprego, temporário ou fixo, a bons roteiristas. O mercado está crescendo e se profissionalizando. Então, fique de olho no formato e aprenda o máximo que puder. Mais do que nunca é importante estar preparado.

Fizemos uma lista com dicas do que não pode faltar em seu roteiro:

- Seja original. Não queira vender para uma produtora ou emissora o que eles já produzem. Milhares de roteiros são enviados e a maioria absoluta é mais daquilo que já é exibido. Não adianta enviar, por exemplo, a Fox uma série sobre zumbis que dominarão o país. Se quiser muito, mas muito mesmo, escrever sobre zumbis, ache um foco bem diferente.

- Ouse. O mercado está buscando novos formatos e ideias. Mesmo que seu roteiro não seja produzido, se você conseguir se destacar na multidão de roteiristas aspirantes, suas chances de ser lembrado, recomendado e, sobretudo, notado quando enviar uma nova série,

CINEMA • Séries para televisão

aumenta muito. E quem sabe depois de emplacar uma produção, a ideia antes descartada, agora que você já esta inserido no mercado, não possa voltar e ser produzida?

- Use temas universais. Você pode escrever uma série sobre *nerds*, mafiosos, famílias problemáticas, distopia, espionagem, etc. Não importa. Todos estes temas – ou a mistura deles –, não podem ser escritos para um público específico. Eles precisam apresentar no cerne temas universais. Isso garantirá um público abrangente. O que significa mais temporadas e mais roteiros para escrever, ou seja, seu emprego garantido por mais tempo.

- Crie uma premissa que possibilite uma gama infinita de histórias. Não adianta criar algo fabuloso que durará apenas uma temporada. Quando executivos da indústria dão sinal verde para produção de uma série, os custos da primeira temporada podem ser pagos somente se houver uma segunda temporada. Por isso, eles preferirão investir em séries com possibilidades infinitas. Por exemplo, na primeira temporada de *The Big Bang Theory*, foi necessário criar e construir os cenários dos apartamentos, do *hall* do prédio e da universidade. Na segunda temporada, mesmo havendo algumas mudanças, não foi mais necessário investir tanto em cenário.

- O primeiro episódio deve ser arrebatador e mover a série para frente. Apresente seus personagens principais sempre com ação. Não perca tempo com o passado dos personagens. Mostre-os como são agora e crie alguma característica que gere empatia. As derrotas, os traumas, as vitórias que os fizeram ser do jeito que são podem vir depois.

- Seja claro em seu roteiro. Se você conseguir prender o leitor nas primeiras páginas, não vá perdê-lo nas próximas.

Bate-papo com especialista

Conversamos sobre séries para televisão com o diretor de cena Luis Pinheiro. Formado em cinema pela FAAP, estudou na New York University e trabalhou em diversos filmes, como *The Siege* e *Bringing out the Dead* de Martin Scorcese. No Brasil, atua no mercado publicitário e de conteúdo para televisão. Dirigiu as séries *Mothern, Julie e os Fantasmas* e *Lili, a EX.*

Por que você acha que as séries estão ganhando cada vez mais espaço?

Eu acredito que a série envolve mais experimentalismo e criatividade principalmente para os roteiristas. Eles testam, nas séries, ideias que não passam nos filmes para o grande público. Os roteiristas podem ousar mais. Tem muita gente que diz que os roteiros de séries estão muito mais interessantes do que os textos dos longas.

A série precisa ser original e ousada. Hoje, os diálogos estão melhores, o que também deixa os personagens mais críveis e interessantes. Nas séries, a curva de transformação é muito mais longa. Há personagens que inclusive não se transformam nunca. A história não se fecha. Então, o personagem tem tempo de cristalizar e se definir. Dessa forma, torna-se verdadeiro, a audiência espera por ele. Nas séries, o personagem tem mais características, portanto, é mais complexo, possui mais facetas, e a audiência se conecta com uma força incrível.

A série *Breaking Bad* tem personagens assim. Walter White possui tanto o vetor do mocinho quanto o do vilão. Na série, houve tempo para essa construção e mudança progressiva.

Nas séries que você dirigiu, como foi o processo com os roteiristas? Você participou nos roteiros antes mesmo da pré-produção?

O processo com o roteirista varia. Depende muito do quanto ele se protege das intervenções dos diretores. Eu acho que tem uma discussão entre o roteiro e o formato serem bons para que sirvam à narrativa do roteiro. O diretor deve se apropriar do roteiro e lançar mão de ferramentas narrativas para fazê-lo funcionar. E aí ele usará a narrativa através da dramaturgia para cumprir a proposta do roteiro.

CINEMA • Séries para televisão

Por exemplo, na série que estou gravando agora, nós fizemos mesas de discussão e leituras com codiretores, diretores executivos, criador da série e roteiristas. Como o ouvido e a experiência de cada um era colocado na mesa já com a proposta visual de narrativa, os roteiros foram reescritos para adequar o texto à linguagem visual.

Na série *Lili, a Ex* temos muitos diálogos, então a questão era como dar ritmo e agilidade a eles, até por conta das características aceleradas da personagem. Eu passei a deslocar a câmera e os atores no estúdio para ficar ritmado com os diálogos. Na série, juntamos o real e o surreal. O que eu propus foi partir do real, nunca cair no irreal, mas, sim, no surreal para ajudar a narrativa e manter a audiência conectada.

Então, a visão do diretor faz com que o roteiro entre na linguagem narrativa. Sendo assim, a disposição dos roteiristas em mexer no texto para que minha narrativa funcione é essencial. Quando você tem esse tipo de relação, o diretor tem liberdade para sentir, no *set*, os cacos ou as interpretações dos atores que se encaixam melhor sem mudar a história.

Nos roteiros, eu gosto muito de ter a divisão das viradas, o padrão e as soluções nos lugares certos. Não que seja um gabarito, mas é um desenho que gosto de ter. É uma métrica que busco com o roteirista.

Os roteiros dos episódios estavam prontos quando vocês começaram a gravar?

Quando começamos a gravar, os treze episódios da série ainda não estavam prontos. Oito estavam completos e cinco em fase de ajuste. Quando os oito primeiros chegaram nas minhas mãos, já haviam passado por vários roteiristas, criadores e produtor executivo.

No processo da série, os roteiristas deviam ter mais tempo para escrever. É uma pena eles não terem tempo de reescrever, repensar e rever os episódios como um todo. Eu acho que reescrever é o ofício do escritor.

Em *Lili, a Ex*, depois que o criador – que veio do *cartoon*, da história em quadrinhos – compreendeu a linguagem do roteiro para a série como um todo, conseguiu visualizar e unir os episódios. Assim, sempre que mandávamos um episódio para um roteirista e o texto voltava, ele conseguia mais fácil e rapidamente perceber se o roteirista tinha compreendido os personagens, a linha narrativa, o ritmo, etc. Podíamos, então, trocar rápido de roteirista até encontrar um que entendesse a proposta da série. Depois de estabelecido o padrão do que é a série, a linguagem, fica muito fácil perceber o que não pertence a ela. Como você sabe se a narrativa está funcionando? Quando é capaz de perceber o que não se encaixa na história. Por isso, eu acho que o criador, a equipe de roteiro, os diretores, tem que estar junto em algum momento para compreenderem do que a história trata.

Como foi a interação entre você e os roteiristas durante as filmagens?

É muito difícil a presença do roteirista no *set*. Eu tive sorte neste último trabalho. A minha codiretora estava com os roteiristas desde o início. Ela vinha ao *set* conversar comigo, não de formato ou narrativa, mas de conteúdo e de tom.

Isso é muito bom, mas não é fácil. O trabalho do diretor é ser objetivo. Isso tem que ser compreendido pelo roteirista. No *set*, o escritor muito criativo começa a criar opções. E o diretor não está lá para fazer opções e mais opções, mas para fazer e resolver a cena.

Por isso, o diretor tem que se preparar muito antes de ir para o *set*. Eu desenho todas as cenas: a câmera estará aqui, o ator entra por ali, o coadjuvante falará tal coisa em tal ponto do cenário. Quando você se prepara desta maneira, começa a encontrar no roteiro o cerne da cena e o motivo de ela estar lá. Toda cena tem que ser justificada. É no objetivo dela que encontramos as mudanças e o caminhar do personagem e levamos a narrativa adiante. É bom discutir isso com os roteiristas. Em séries anteriores, eu fazia sessões de leitura apenas entre eles e eu: roteiristas e diretor. Eles me ajudavam a pensar no âmago de cada cena e em como determinado diálogo deveria soar.

Eu prefiro sentar antes com o roteirista ou em uma mesa crítica e marcar todos esses pontos. O roteirista no *set* tende a confudir mais do que ajudar. Tende a criar naquele momento, e eu não acredito em mudar pontos relevantes no *set*, acho que isso não funciona bem.

CINEMA • Séries para televisão

Na pós-produção, durante a montagem, os roteiristas assistiam ao material?

Na minha carreira, encontrei diferentes tipos de roteiristas. Os que estão nessa última série enxergam a história, mesmo que as cenas não estejam iguais às escritas no roteiro. Tem muitos roteiristas que têm apego ao texto, à palavra e são muito difíceis de lidar. A história tem de ser preservada, mas o escritor precisa ajudar o diretor na ilha de edição em virtude daquilo que foi filmado e não do que ele imaginou. O que acontece é o seguinte: o roteirista visualiza um texto, quando passa para o papel o diretor o interpreta, quando chega na ilha de edição soma-se a interpretação do montador. Ele pega o texto e as imagens e tira dessa mistura de informações algo novo.

Eu sinto que agora trabalho melhor com roteiritas mais flexíveis que entendem o ritmo e a integridade da história sem ficar escravo da palavra. Por estar preso ao texto, o roteirista, muitas vezes, não quer ceder nem a uma mudança de ritmo que encaixe melhor em determinada cena ou sequência.

O momento do roteirista na ilha de edição geralmente acontece quando o produtor executivo também está lá. E estes dois profissionais, e o próprio diretor, têm de compreender a maleabilidade do formato.

Em um episódio temos mais de uma história acontecendo. A primária, a secundária e a terceária. Muitas vezes, temos que suprimir uma que não está funcionando tão bem. A terceária sobe e vira secundária; e secundária desce e fica em um plano de menor relevância. E isso, claro, fará o roteirista mudar os roteiros dali para frente, seja no próximo episódio ou dois, três adiante.

Eu acho essencial o roteirista estar na ilha para saber o que aconteceu, que caminho foi trilhado e como pode ficar. Essa é uma discussão ótima para se ter na ilha, frente ao material.

Como acontecia o processo de aprovação dos episódios com os canais?

Eu já sofri muito com a intervenção. Em uma de minhas séries para um público mais infantil, eu tinha a visão de que a linguagem deveria ser mais solta, mais leve. O criador achava que o canal não iria gostar, mesmo que essa linguagem já figurasse em filmes como *Harry Potter* ou em outros roteiros para a faixa etária. A interferência do criador da série no formato, por medo do exibidor, é devastadora. E quando você tem esse criador no *set*, sua intervenção quebra a harmonia dos atores e da equipe na hora da filmagem. A criação de linguagem, e por consequência de ousadia, sofre no decorrer da série e acaba se perdendo por medo da reprovação perante o canal.

Nesses casos, o criador e o roteirista devem se unir ao diretor e apostar no que a equipe acredita. Ousar, criar e não ficar imaginando o que o cliente vai gostar ou não. E assim surpreender. Mostrar linguagens diferentes que funcionem para contar a história da melhor maneira possível. Eu acredito que as séries devem ser feitas de forma original. Propor o novo, ter ousadia e achar o formato adequado a serviço da narrativa.

Algumas produtoras bloqueiam muito o contato do diretor com o exibidor. O diretor executivo mostra para os clientes e volta com os pedidos de alteração. Eu acho isso prejudicial porque o diretor e os roteiristas têm um conceito a ser defendido. A visão dos envolvidos é que manterá, no formato, os elementos essenciais para a série ser um sucesso.

Como o roteirista brasileiro é visto no mercado de séries para televisão?

O roteirista parece um bicho raro no mercado. É superdifícil achar um bom. Esse profissional deve ser ainda mais valorizado. Estamos em um processo de profissionalização das séries na televisão brasileira. O que acontecia antes, e que infelizmente ainda acontece, é não orçar o roteirista de maneira adequada. Para fazer isso corretamente, é preciso dar tempo para que ele escreva e se mantenha em um único projeto. E assim formar uma equipe dedicada.

CINEMA • Séries para televisão

Tem bastante campo para os roteiristas, muitos precisarão ter formação na área. Entretanto, mais do que estudo, o maior problema é a falta de estrutura para fazer a profissão acontecer. Em vez de uma produtora ter uma ideia para uma série e mandar para um amigo que escreve desenvolver, deveria chamar um escritor profissional e pagar para ele criar e formatar a série. Também não pode mais existir a história de que se o projeto acontecer o roteirista recebe, se não acontecer, não recebe.

Entretanto, isso está mudando. Daqui alguns anos, a prática do mercado será outra. E o momento é muito bom. Tem muitos projetos circulando. Se você é roteirista, esta é uma boa fase. Afinal, o mercado se movimenta com histórias.

Os 101 melhores roteiros eleitos pela Writers Guild of America

Estamos chegando ao final do livro. Antes de avançarmos nos últimos capítulos, incluímos a lista dos 101 melhores roteiros de todos os tempos elaborado pelo Writers Guild of America (WGA – Sindicato dos Roteiristas da América)

Embora, como dito ao longo do livro, o cinema seja uma forma de arte colaborativa, existe um momento único em que o roteirista está diante de um papel em branco. Foi por esta parte do processo que o WGA resolveu fazer esta lista e homenagear os profissionais que se dedicam à arte de contar histórias. Reproduzir esta lista no livro, para nós, é uma forma de mostrar respeito a estes profissionais que tanto nos incentivaram e nos maravilharam com seus poderosos talentos em contar histórias.

Esperamos que ela o ajude a estudar, analisar e adquirir um olhar crítico. Recomendamos que, além de assistir aos filmes, você procure os roteiros para analisar. Você pode até não gostar de um ou outro gênero,

CINEMA • Os 101 melhores roteiros eleitos pela Writers Guild of America

mas tenha certeza de que, ao estudá-los, grandes melhoras serão acrescentadas a sua experiência e escrita.

101. INTERLÚDIO (*NOTORIOUS*). Roteiro de Ben Hecht.

100. AMNÉSIA (*MEMENTO*). Roteiro de Christopher Nolan baseado no conto *Memento mori* de Jonathan Nolan.

99. MEU ÓDIO SERÁ SUA HERANÇA (*THE WILD BUNCH*). Roteiro de Walon Green e Sam Peckinpah. História de Walon Green e Roy Sickner.

98. AS VINHAS DA IRA (*THE GRAPES OF WRATH*). Roteiro de Nunnally Johnson baseado no romance de John Steinbeck.

97. RASTROS DE ÓDIO (*THE SEARCHERS*). Roteiro de Frank S. Nugent baseado no romance de Alan Le May.

96. DESAFIO À CORRUPÇÃO (*THE HUSTLER*). Roteiro de Sidney Carroll e Robert Rossen baseado no romance de Walter Tevis.

95. HANNAH E SUAS IRMÃS (*HANNAH AND HER SISTERS*). Roteiro de Woody Allen.

94. PATTON: REBELDE OU HERÓI? (*PATTON*). Roteiro de Francis Ford Coppola e Edmund H. North baseado nos livros *A Soldier's Story* de Omar H. Bradley e *Patton: Ordeal and Triumph* de Ladislas Farago.

93. FAÇA A COISA CERTA (*DO THE RIGHT THING*). Escrito por Spike Lee.

92. PSICOSE (*PSYCHO*). Roteiro de Joseph Stefano baseado no romance de Robert Bloch.

91. O VEREDICTO (*THE VERDICT*). Roteiro de David Mamet baseado no romance de Barry Reed.

90. SIDEWAYS: ENTRE UMAS E OUTRAS (*SIDEWAYS*). Roteiro de Alexander Payne e Jim Taylor baseado no romance de Rex Pickett.

Os 101 melhores roteiros eleitos pela Writers Guild of America • **CINEMA**

89. FORREST GUMP: O CONTADOR DE HISTÓRIAS (*FORREST GUMP*). Roteiro de Eric Roth baseado no romance de Winston Groom.

88. CAMPO DOS SONHOS (*FIELD OF DREAMS*). Roteiro de Phil Alden Robinson baseado no livro de W. P. Kinsella.

87. 8 ½. Roteiro de Federico Fellini, Tullio Pinelli, Ennio Flaiano e Brunello Rond. História de Frederico Fellini e Ennio Flaiano.

86. ENSINA-ME A VIVER (*HAROLD & MAUDE*). Escrito por Colin Higgins.

85. A GRANDE ILUSÃO (*LA GRANDE ILLUSION*). Escrito por Jean Renoir e Charles Spaak.

84. A PRINCESA PROMETIDA (*THE PRINCESS BRIDE*). Roteiro de William Goldman baseado em seu romance.

83. JANELA INDISCRETA (*REAR WINDOW*). Roteiro de John Michael Hayes baseado no conto de Cornell Woolrich.

82. REBELDIA INDOMÁVEL (*COOL HAND LUKE*). Roteiro de Donn Pearce e Frank Pierson baseado no romance de Donn Pearce.

81. MUITO ALÉM DO JARDIM (*BEING THERE*). Roteiro de Jerzy Kosinski baseado em seu romance.

80. A TESTEMUNHA (*WITNESS*). Roteiro de Earl W. Wallace e William Kelley. História de William Kelley, Pamela Wallace e Earl W. Wallace.

79. APRENDA A PERDER DINHEIRO (*THE PRODUCERS*). Roteiro de Mel Brooks.

78. ROCKY: UM LUTADOR (*ROCKY*). Escrito por Sylvester Stallone.

77. ADAPTAÇÃO (*ADAPTATION*). Roteiro de Charlie Kaufman e Donald Kaufman baseado no livro *The Orchid Thief* de Susan Orlean.

CINEMA • Os 101 melhores roteiros eleitos pela Writers Guild of America

76. TOURO INDOMÁVEL *(RAGING BULL)*. Roteiro de Paul Schrader e Mardik Martin baseado no livro de Jake La Motta com Joseph Carter e Peter Savage.

75. MATAR OU MORRER *(HIGH NOON)*. Roteiro de Carl Foreman baseado no conto *The Tin Star* de John W. Cunningham.

74. QUERO SER JOHN MALKOVICH *(BEING JOHN MALKOVICH)*. Escrito por Charlie Kaufman.

73. AMADEUS *(AMADEUS)*. Roteiro de Peter Shaffer baseado em sua peça.

72. THELMA E LOUISE *(THELMA & LOUISE)*. Escrito por Callie Khouri.

71. O LEÃO NO INVERNO *(THE LION IN WINTER)*. Roteiro de James Goldman baseado em sua peça.

70. UMA AVENTURA NA ÁFRICA *(THE AFRICAN QUEEN)*. Roteiro de James Agee e John Huston baseado no romance de C. S. Forester.

69. UM DIA DE CÃO *(DOG DAY AFTERNOON)*. Roteiro de Frank Pierson baseado no artigo de revista de P. F. Kluge e Thomas Moore.

68. GUERRA NAS ESTRELAS *(STAR WARS)*. Escrito por George Lucas.

67. E.T. O EXTRATERRESTRE *(E.T. THE EXTRA-TERRESTRIAL)*. Escrito por Melissa Mathison.

66. JERRY MAGUIRE: A GRANDE VIRADA *(JERRY MAGUIRE)*. Escrito por Cameron Crowe.

65. CANTANDO NA CHUVA *(SINGIN' IN THE RAIN)*. Roteiro de Betty Comden e Adolph Green baseado na canção de Arthur Freed e Nacio Herb Brown.

64. LAÇOS DE TERNURA *(TERMS OF ENDEARMENT)*. Roteiro de James L. Brooks baseado no romance de Larry McMurtry.

Os 101 melhores roteiros eleitos pela Writers Guild of America • **CINEMA**

63. TUBARÃO (*JAWS*). Roteiro de Peter Benchley e Carl Gottlieb baseado no romance de Peter Benchley.

62. FEITIÇO DA LUA (*MOONSTRUCK*). Escrito por John Patrick Shanley.

61. O SILÊNCIO DOS INOCENTES (*THE SILENCE OF THE LAMBS*). Roteiro de Ted Tally baseado no romance de Thomas Harris.

60. LOS ANGELES: CIDADE PROIBIDA (*L.A. CONFIDENTIAL*). Roteiro de Brian Helgeland e Curtis Hanson baseado no romance de James Ellroy.

59. ACONTECEU NAQUELA NOITE (*IT HAPPENED ONE NIGHT*). Roteiro de Robert Riskin baseado na história *Night Bus* de Samuel Hopkins Adams.

58. GENTE COMO A GENTE (*ORDINARY PEOPLE*). Roteiro de Alvin Sargent baseado no romance de Judith Guest.

57. CRIMES E PECADOS (*CRIMES AND MISDEMEANORS*). Roteiro de Woody Allen.

56. DE VOLTA PARA O FUTURO (*BACK TO THE FUTURE*). Escrito por Robert Zemeckis e Bob Gale.

55. APOCALYPSE NOW (*APOCALYPSE NOW*). Escrito por John Milius e Francis Coppola.

54. MANHATTAN (*MANHATTAN*). Escrito por Woody Allen e Marshall Brickman.

53. TODOS OS HOMENS DO PRESIDENTE (*ALL THE PRESIDENT'S MEN*). Roteiro de William Goldman baseado no romance de Carl Bernstein e Bob Woodward.

52. AS TRÊS NOITES DE EVA (*THE LADY EVE*). Roteiro de Preston Sturges. História de Monckton Hoffe.

51. NOS BASTIDORES DA NOTÍCIA (*BROADCAST NEWS*). Escrito por James L. Brooks.

CINEMA • Os 101 melhores roteiros eleitos pela Writers Guild of America

50. O SEXTO SENTIDO (*THE SIXTH SENSE*). Escrito por M. Night Shyamalan.

49. A LISTA DE SCHINDLER (*SCHINDLER'S LIST*). Roteiro de Steven Zaillian baseado no romance de Thomas Keneally.

48. A PONTE DO RIO KWAI (*THE BRIDGE ON THE RIVER KWAI*). Roteiro de Carl Foreman e Michael Wilson baseado no romance de Pierre Boulle.

47. O FALCÃO MALTÊS/RELÍQUIA MACABRA (*THE MALTESE FALCON*). Roteiro de John Huston baseado no romance de Dashiell Hammett.

46. O TESOURO DE SIERRA MADRE (*THE TREASURE OF THE SIERRA MADRE*). Roteiro de John Huston baseado no romance de B. Traven.

45. UM ESTRANHO NO NINHO (*ONE FLEW OVER THE CUCKOO'S NEST*). Roteiro de Lawrence Hauben e Bo Goldman baseado no romance de Ken Kesey.

44. OS MELHORES ANOS DE NOSSAS VIDAS (*THE BEST YEARS OF OUR LIVES*). Roteiro de Robert E. Sherwood baseado no romance *Glory For Me* de MacKinley Kantor.

43. TAXI DRIVER (*TAXI DRIVER*). Escrito por Paul Schrader.

42. OS CAÇADORES DA ARCA PERDIDA (*RAIDERS OF THE LOST ARK*). Roteiro de Lawrence Kasdan. História de George Lucas e Philip Kaufman.

41. OS BONS COMPANHEIROS (*GOODFELLAS*). Roteiro de Nicholas Pileggi e Martin Scorsese baseado no romance *Wise Guy* de Nicholas Pileggi.

40. HARRY & SALLY: FEITOS UM PARA O OUTRO (*WHEN HARRY MET SALLY...*). Escrito por Nora Ephron.

39. GOLPE DE MESTRE (*THE STING*). Escrito por David S. Ward.

Os 101 melhores roteiros eleitos pela Writers Guild of America • **CINEMA**

38. BELEZA AMERICANA (*AMERICAN BEAUTY*). Escrito por Alan Ball.

37. NÚPCIAS DE ESCÂNDALO (*THE PHILADELPHIA STORY*). Roteiro de Donald Ogden Stewart baseado na peça de Philip Barry.

36. PERDIDOS NA NOITE (*MIDNIGHT COWBOY*). Roteiro de Waldo Salt baseado no romance de James Leo Herlihy.

35. OS SUSPEITOS (*THE USUAL SUSPECTS*). Escrito por Christopher McQuarrie.

34. A EMBRIAGUEZ DO SUCESSO (*THE SWEET SMELL OF SUCCESS*). Roteiro de Clifford Odets e Ernest Lehman baseado no conto de Ernest Lehman.

33. O TERCEIRO HOMEM (*THE THIRD MAN*). Roteiro de Graham Greene baseado em seu conto.

32. FARGO (*FARGO*). Escrito por Joel Coen e Ethan Coen.

31. JEJUM DE AMOR (*HIS GIRL FRIDAY*). Roteiro de Charles Lederer baseado na peça *The Front Page* de Ben Hecht e Charles MacArthur.

30. OS IMPERDOÁVEIS (*UNFORGIVEN*). Escrito por David Webb Peoples.

29. CONTRASTES HUMANOS (*SULLIVAN'S TRAVELS*). Escrito por Preston Sturges.

28. SHAKESPEARE APAIXONADO (*SHAKESPEARE IN LOVE*). Escrito por Marc Norman e Tom Stoppard.

27. FEITIÇO DO TEMPO (*GROUNDHOG DAY*). Roteiro de Danny Rubin e Harold Ramis. História de Danny Rubin.

26. PACTO DE SANGUE (*DOUBLE INDEMNITY*). Roteiro de Billy Wilder e Raymond Chandler baseado no romance de James M. Cain.

CINEMA • Os 101 melhores roteiros eleitos pela Writers Guild of America

25. O MÁGICO DE OZ (*THE WIZARD OF OZ*). Roteiro de Noel Langley, Florence Ryerson e Edgar Allan Woolf baseado no romance de L. Frank Baum.

24. BRILHO ETERNO DE UMA MENTE SEM LEMBRANÇAS (*ETERNAL SUNSHINE OF THE SPOTLESS MIND*). Roteiro de Charlie Kaufman. História de Charlie Kaufman, Michel Gondry e Pierre Bismuth.

23. E O VENTO LEVOU (*GONE WITH THE WIND*). Roteiro de Sidney Howard baseado no romance de Margaret Mitchell.

22. UM SONHO DE LIBERDADE (*THE SHAWSHANK REDEMPTION*). Roteiro de Frank Darabont baseado no conto *Rita Hayworth and the Shawshank Redemption* de Stephen King.

21. INTRIGA INTERNACIONAL (*NORTH BY NORTHWEST*). Escrito por Ernest Lehman.

20. A FELICIDADE NÃO SE COMPRA (*IT'S A WONDERFUL LIFE*). Roteiro de Frances Goodrich, Albert Hackett e Frank Capra baseado no conto *The Greatest Gift* de Philip Van Doren Stern. Contribuições ao roteiro de Michael Wilson e Jo Swerling.

19. O SOL É PARA TODOS (*TO KILL A MOCKINGBIRD*). Roteiro de Horton Foote baseado no romance de Harper Lee.

18. SINDICATO DE LADRÕES (*ON THE WATERFRONT*). Roteiro de Budd Schulberg baseado no artigo *Crime on the Waterfront* de Malcolm Johnson.

17. TOOTSIE (*TOOTSIE*). Roteiro de Larry Gelbart e Murray Schisgal. História de Don McGuire e Larry Gelbart.

16. PULP FICTION: TEMPO DE VIOLÊNCIA (*PULP FICTION*). Escrito por Quentin Tarantino. História de Quentin Tarantino e Roger Avary.

15. SE MEU APARTAMENTO FALASSE (*THE APARTMENT*). Escrito por Billy Wilder e I. A. L. Diamond.

Os 101 melhores roteiros eleitos pela Writers Guild of America • **CINEMA**

14. LAWRENCE DA ARÁBIA (*LAWRENCE OF ARABIA*). Roteiro de Robert Bolt e Michael Wilson baseado nos diários de Col. T. E. Lawrence.

13. A PRIMEIRA NOITE DE UM HOMEM (*THE GRADUATE*). Roteiro de Calder Willingham e Buck Henry baseado no romance de Charles Webb.

12. DR. FANTÁSTICO (*DR. STRANGELOVE OR HOW I LEARNED TO STOP WORRYING AND LOVE THE BOMB*). Roteiro de Stanley Kubrick, Peter George e Terry Southern baseado no romance *Red Alert* de Peter George.

11. BUTCH CASSIDY (*BUTCH CASSIDY AND THE SUNDANCE KID*). Escrito por William Goldman.

10. O PODEROSO CHEFÃO: PARTE II (*THE GODFATHER II*). Roteiro de Francis Ford Coppola e Mario Puzo baseado no romance *The Godfather* de Mario Puzo.

9. QUANTO MAIS QUENTE MELHOR (*SOME LIKE IT HOT*). Roteiro de Billy Wilder e I. A. L. Diamond baseado no filme alemão *Fanfare of Love* de Robert Thoeren e M. Logan.

8. REDE DE INTRIGAS (*NETWORK*). Escrito por Paddy Chayefsky.

7. CREPÚSCULO DOS DEUSES (*SUNSET BLVD.*). Escrito por Charles Brackett, Billy Wilder e D.M. Marshman Jr.

6. NOIVO NEURÓTICO, NOIVA NERVOSA (*ANNIE HALL*). Escrito por Woody Allen e Marshall Brickman.

5. A MALVADA (*ALL ABOUT EVE*). Roteiro de Joseph L. Mankiewicz baseado no conto e peça de rádio *The Wisdom of Eve* de Mary Orr.

4. CIDADÃO KANE (*CITIZEN KANE*). Escrito por Herman Mankiewicz e Orson Welles.

3. CHINATOWN (*CHINATOWN*). Escrito por Robert Towne.

CINEMA • Os 101 melhores roteiros eleitos pela Writers Guild of America

2. O PODEROSO CHEFÃO (*THE GODFATHER*). Roteiro de Mario Puzo e Francis Ford Coppola baseado no romance de Mario Puzo.

1. CASABLANCA (*CASABLANCA*). Roteiro de Julius J., Philip G. Epstein e Howard Koch baseado na peça *Everybody Comes to Rick's* de Murray Burnett e Joan Alison.

Considerações finais

Esperamos que nossas palavras ao longo do livro ajudem a iluminar o seu caminho. Sem dúvida, não será uma jornada fácil. Você terá muitas dúvidas, erros e acertos no processo de se tornar um roteirista profissional. Antes de terminarmos, gostaríamos de ter sua atenção por mais um pouco. Alguns dos tópicos abaixo já foram vistos, mas vamos reforçar porque sabemos de sua importância, outros são novos, mas acreditamos que são parte importante do aprendizado.

- Faça os exercícios. Todos eles envolvem assistir a filmes, e se você pretende ser um roteirista, esse deve ser seu lazer preferido.
- Confie nas regras.
- Vá ao cinema com segundas intenções. Não estamos dizendo para você atacar seu namorado ou sua namorada, mas para prestar atenção nos elementos do filme abordados no livro. Sabemos que isto estraga um pouco a diversão, mas, depois de um tempo, você conseguirá tanto analisar quanto entrar na história.
- Tempo não é uma desculpa. Não pergunte como encontrar tempo para escrever. Arranje. Lute contra todas as tentações da internet, do sofá acolhedor, da vontade de assaltar a geladeira, do almoço na empresa, e trabalhe.

CINEMA • Considerações finais

- Não se prenda a onde escrever. A visão romântica do espaço perfeito em casa, à meia-luz, acompanhado de uma caneca da bebida de sua preferência, ou da cafeteria descolada de filme, onde todos são artistas, ou, mesmo, de um chalé nas montanhas, livre de interrupções, com uma leve chuva caindo do lado de fora, não é o que acontece na vida real. Então não espere o momento ou o lugar perfeito. Sente-se em frente ao computador, ao pedaço de papel, à máquina de escrever e trabalhe. Está em casa? As crianças, marido, esposa, namorado, tia, mãe, pai, irmãos, não param de fazer barulho? Ignore-os, coloque um fone de ouvido, feche a porta, vá escrever no carro, só não use isso como desculpa para não trabalhar.

- A mesma regra vale para inspiração: não espere ela aparecer para começar. Esteja escrevendo quando ela vier. Esse será o momento perfeito, afinal você já estará com a mão na massa e, acredite, ela aparecerá com mais frequência. Além disso, os prazos são a melhor fonte de inspiração.

- O célebre ditado "ler livros não faz de você um escritor" também se aplica, ou seja, assistir a filmes não faz de você um roteirista. Pense bem, morar em um prédio faz de você um engenheiro? Pedir pizza todo sábado à noite torna-o um *pizzaiolo*? Colecionar vinhos torna-o apto a preparar um? Não. O que faz de você um roteirista é escrever. Ponto final. Assunto encerrado.

- Termine o que começou. A tentação de largar um roteiro inacabado para começar outro é gigantesca. Não o faça. Termine o que começou ou você terá vários roteiros inacabados que não servirão para mostrar a ninguém, muito menos serão produzidos.

- Obsessão. Ninguém está falando para você abandonar sua família, largar o emprego ou esquecer-se de tomar banho. Não faça isso. Também não pense em ter uma atitude como a da enfermeira Annie criada por Stephen King. Se não sabe de quem estamos falando, procure este filme, assista e faça todos os exercícios recomendados. A verdade é que um pouco de obsessão não faz mal a ninguém. Ela não permite que nossos objetivos sejam deixados de lado ante obstáculos. Pense como os protagonistas e antagonistas de seus roteiros. Não desista, foque no objetivo, salte todos os obstáculos e chegue lá. Viu? Obsessão não faz mal a ninguém. Só nos faça um favor: não conte a ninguém que recomendamos isso.

- Seja generoso. Ao encontrar outras pessoas que, como você, estão lutando para terminar o primeiro roteiro ou entrar no mercado, trate-os como gostaria de ser tratado por alguém mais experiente.

- Escritores escrevem. Sabemos que isso já foi colocado lá no início do livro, porém, vamos repetir mais uma vez: escritores escrevem. Você pode arranjar as mais variadas desculpas para desistir, da falta de tempo – olhe alguns itens anteriores – até o mercado ser cruel. Contudo, se você é um escritor sabe que, por mais decepções que tenha, continuará escrevendo. As pessoas mais próximas podem não entender. Não importa. Escreva.

- E por último: escreva o melhor roteiro que você puder.

Despedimo-nos com um abraço do André Schuck e do James McSill.

Por ora:

That's all Folks!

CINEMA • Considerações finais

Nota:

Os pequenos trechos de roteiros que utilizamos apenas como ilustração foram retirados de filmes já editados, não tivemos acesso a roteiros originais. A 'tradução' das falas também é apenas como imaginamos que soariam melhor em português do Brasil. Caso não façam jus ao original, tenhamos grafado equivocadamente o nome de um roteirista ou autor, teremos o maior prazer em rever os exemplos, trocar por outros mais ilustrativos ou criarmos os nossos próprios em uma próxima edição.

Obrigado:

A nossa eterna gratidão aos amigos que nos concederam as entrevistas reproduzidas neste livro, quer nas próprias palavras deles, ou distribuídas pelo nosso texto, que nos serviram de inspiração para que escrevêssemos um texto mais adequado ao nosso público-alvo: quem deseja saber mais o que está por trás das belas histórias que se veem nas telas do mundo inteiro e, quem sabe, iniciar-se nesta Arte.

www.dvseditora.com.br